zu Klampen

Friedhelm Decher

Die Signatur der Freiheit

Ethik des Selbstmords in der abendländischen Philosophie

zu Klampen

Erste Auflage 1999
© Dietrich zu Klampen Verlag GbR
Postfach 19 63, 21309 Lüneburg
Barckhausenstraße 36, 21335 Lüneburg
Tel.: 04131/73 30 30, Fax: 04131/73 30 33
Druck: Clausen & Bosse, Leck
Umschlag: Groothuis&Malsy, Bremen

Die Deutsche Bibliothek - CIP-Einheitsaufnahme:
Decher, Friedhelm :
Die Signatur der Freiheit. Ethik des Selbstmords in der
abendländischen Philosophie / Friedhelm Decher. -
1. Aufl. - Lüneburg: : zu Klampen, 1999
ISBN 3-924245-79-7

Inhalt

Einleitung   7

I. Plädoyers für die Verwerflichkeit
   der Selbsttötung in Antike und Mittelalter

   1. Man hat auf seinem Posten auszuharren: Platon   14
   2. Kann man gegen sich selbst ein Unrecht
      begehen?: Aristoteles   18
   3. Ein frühchristlicher Kasuist: Augustinus   21
   4. Selbstmord als Todsünde: Thomas von Aquin   29

II. Erste Einsprüche

   1. Die Tür steht offen: Der ›wohlüberlegte Freitod‹
      der Stoiker   41
   2. Philosophieren heißt sterben lernen:
      Michel de Montaigne   50

III. Neuzeitliche Differenzierungen: Pro und Contra

   1. Die Theoretiker der Selbsterhaltung: Thomas
      Hobbes, John Locke, Jean-Jacques Rousseau,
      Baruch de Spinoza   59
   2. Ruf der Natur und Verbrechen gegen die
      Gesellschaft: Denis Diderot   74
   3. Die Natur als letzte Instanz:
      Paul Thiry d'Holbach   79
   4. Wider den Aberglauben und falsche Religion:
      David Hume   92
   5. Der Pflichtversessene: Immanuel Kant   101
   6. Der Mensch als Werkzeug des Sittengesetzes:
      Johann Gottlieb Fichte   107

7. Das Leben ist gegen die Persönlichkeit kein
   Äußerliches: Georg Wilhelm Friedrich Hegel   115
8. Liebäugeln mit dem Nichts: Arthur Schopenhauer   119
9. Selbstmord als Kampf des Glückseligkeitstriebs
   mit sich selbst: Ludwig Feuerbach   132
10. Der Selbstmord als »krasseste Selbstsucht«:
    Eduard von Hartmann   137
11. Sterben zur rechten Zeit: Friedrich Nietzsche   141
12. Der Selbstmord als Attentat auf die Person
    des Menschen: Emile Durkheim   147

IV. Von der Logik des Absurden zur Lehre vom
Zerfall: Neue Aspekte im 20. Jahrhundert

1. Gibt es eine Logik bis zum Tode?: Albert Camus   158
2. Sich selbst gehören: Jean Améry   164
3. Gibt es ein Recht auf den eigenen Tod?:
   Wilhelm Kamlah   172
4. Ganz man selber sein: Emile M. Cioran   178

V. Resümee   183

Nachweise und Anmerkungen   191

Einleitung

Ist's denn Sünde
Zu stürmen ins geheime
Haus des Todes
Eh' Tod zu uns sich wagt?

William Shakespeare

Steht es dem einzelnen frei, über sein eigenes Leben zu verfügen, so, daß er es, wenn es ihm angebracht erscheint, dadurch beendet, daß er Hand an sich selbst legt? Diejenigen, die das mehr oder weniger uneingeschränkt bejahen, wissen eine Reihe von Gründen anzuführen, um ihre Ansicht zu untermauern. Aber auch ihre Gegner – die also, die dem Menschen diese Freiheit schlichtweg absprechen – glauben gewichtige Argumente beibringen zu können, mit denen sie meinen, die gegenteilige Überzeugung aus dem Feld schlagen zu können. Man hat, so hören wir sie beispielsweise sagen, auf dem Posten auszuharren, auf den der Gott einen gestellt hat. Oder wir sehen sie argumentieren: Wer sich selbst den Tod gibt, versündigt sich an Gott, an seinen Mitmenschen, an denen, die einem nahestehen, gar an der Gesellschaft, der gegenüber man doch gewisse Pflichten hat. Oder wir nehmen wahr, wie sie die Natur als letzte Instanz bemühen, um zu demonstrieren, daß dem Menschen besagte Freiheit keinesfalls zusteht. (Nebenbei gesagt: Die Natur als letzte Begründungsinstanz kann auch im gegenteiligen Fall zum Einsatz kommen, nämlich um aufzuweisen, daß es Fälle gibt, in denen gerade die Natur es ist, die von einem fordert, sich selbst zu töten.) Bei all diesen Argumenten – sowohl bei denen, die *pro*, als auch bei denen, die *contra* moralische Erlaubtheit des Selbstmords vorgebracht werden – geht es im Kern um das eine und selbe: die *Freiheit* des einzelnen. Mit gutem Grund kann der amerikanische Theologe Joseph Fletcher daher seinen Artikel *In Verteidigung des Suizids* mit dem Fazit beschließen: »Selbsttötung ist die Signatur der Freiheit«[1]. Diese Wendung bezeichnet präzise die These, die in diesem Buch illustriert werden soll. Selbsttötung als Signatur der Freiheit: Damit ist exakt auf den Punkt gebracht, um was es in der in der abendländischen Philosophie geführten Debatte um die moralische Erlaubtheit oder Nicht-Erlaubtheit des Selbstmords im Grunde geht. Bringt sich jemand im vollen Wissen darum, was er da tut, um, dann beweist er eben damit seine Freiheit – sagen die einen. Aber zu einer so verstandenen Freiheit hat er gar kein ethisch legitimierbares Recht – sagen die anderen. Und so stehen sich die beiden Lager unversöhnlich gegenüber.

Aber genau das ist das Charakteristikum der Ethik des Selbstmords: daß man entweder vehement *für* die ethische Erlaubtheit des Selbstmords oder aber ebenso vehement *gegen* sie plädiert. Zwischentöne gibt es hier kaum. In der Antike versuchten einzig die Stoiker eine etwas ausgewogenere Haltung einzunehmen. Und auch in der Neuzeit läßt sich hin und wieder eine Stimme vernehmen, die auf Differenzierung drängt – Schopenhauer etwa oder in unserem Jahrhundert beispielsweise Wilhelm Kamlah. Aufs Ganze gesehen aber ist festzuhalten: In dieser Debatte prallen Positionen aufeinander, die nicht miteinander vermittelbar sind. (Diese Unversöhnlichkeit findet ihren sprachlichen Ausdruck übrigens darin, daß die Gegner der Selbsttötung bevorzugt von »*Selbstmord*« sprechen. Sie wollen damit betonen, daß man es hier mit nichts weniger als mit *Mord* zu tun hat. Die »Freunde« des Selbstmords hingegen greifen lieber auf die wertneutralen Begriffe »*Selbsttötung*« oder »*Freitod*« zurück. Wieder andere versuchen das Problem zu umgehen, indem sie das dem Lateinischen entlehnte Fremdwort »*Suizid*« benutzen. Ich werde im folgenden alle Begriffe synonym und wertneutral behandeln.)

Das Interessante dabei ist: Für *beide* Positionen gilt: Die Selbsttötung ist die Signatur der Freiheit. Das behaupten nicht nur diejenigen, die die ethische Erlaubtheit des Selbstmords verteidigen – die tun es ausdrücklich; im Grunde nämlich sind auch die, die den Selbstmord als höchst verwerfliche Tat hinzustellen versuchen, letztlich gezwungen anzuerkennen, daß der Selbstmord ein Akt ist, in dem der Mensch frei über sich selbst verfügt. Aber da eben das nicht sein darf, wird alles daran gesetzt, ihm auf jede nur erdenkliche Art und Weise zu demonstrieren, daß es ihm unter keinen Umständen erlaubt ist, Hand an sich selbst zu legen. Gerade damit jedoch gibt man zu, daß die Formel: »die Selbsttötung ist die Signatur der Freiheit«, so falsch nicht sein kann.

Bevor ich mich nun der ethischen Problematik des Selbstmords in ihren verschiedenen Facetten zuwende, dürfte es angebracht sein, sich über den Gegenstand zu verständigen, dem unsere Aufmerksamkeit gilt. Denn was überhaupt ist Selbstmord? Wann, anders gefragt, liegt Selbstmord vor? Läßt sich von ihm eine einigermaßen plausible Definition geben? Ich denke, ja. Und zwar möchte ich verweisen auf die Begriffsbestimmung, die Emile Durkheim in seiner großen Studie über den Selbstmord – *Le suicide*, erschienen 1897 – vorgeschlagen hat. In einem ersten Zugriff, meint Durkheim, könne man den Selbstmord als jenen Tod bezeichnen, »der mittelbar oder unmittelbar auf eine Handlung oder Unterlassung zurückgeht, deren Urheber das Opfer selbst ist«[2]. Nun weist Durkheim selbst darauf hin, diese Definition sei unvollständig. Denn sie mache keinen Unterschied zwischen zwei sehr verschiedenen Todesarten. Wenn jemand, der an Wahnvorstellungen leidet und sich aus einem hoch gelegenen Fenster stürzt in dem Glauben, er befinde sich auf ebener Erde, dann kann man diesen Tod nach Durkheims Ansicht nicht unter den gleichen Oberbegriff bringen wie den eines Menschen, der im Besitz seiner geistigen Kräfte sich mit vollem Wissen den Tod gibt.

Aber auch diese Unterscheidung beseitigt noch nicht alle Schwierigkeiten. Durkheim nämlich fragt sich: »Kann man sagen, daß nur dann Selbstmord vorliegt, wenn die den Tod herbeiführende Handlung vom Opfer mit dem Wunsch vorgenommen wird, dieses Ergebnis zu erzielen? Daß nur der sich wirklich selbst tötet, der die Absicht hatte, sich zu töten, und daß der Selbstmord nur der vorbedachte Mord an der eigenen Person ist?«[3] Diese Frage einfach zu bejahen, hieße, die Definition des Selbstmords von einem Merkmal abhängig zu machen – nämlich dem *Wunsch* und der *Absicht*, sich zu töten –, das den Nachteil hat, schwer erkennbar zu sein, weil es sich einer direkten Beobachtung entzieht. Nie, meint Durkheim, kann

man genau wissen, welche Beweggründe den Selbstmörder zu seiner Tat trieben, welche Absichten es
waren, die ihn leiteten. Hier kommt man über grobe
Vermutungen in den meisten Fällen kaum hinaus.

Überhaupt erachtet es Durkheim für problematisch,
nur in solchen Fällen von Selbstmord zu sprechen, wo
die *Absicht* vorliegt, sich zu töten. Denn täte man dies,
dann könnte man den Ausdruck Selbstmord auf eine
ganze Reihe von Vorgängen nicht anwenden, die trotz
offensichtlicher Unterschiede grundsätzlich gesehen
mit anderen, die man als Selbstmord bezeichnen würde, identisch sind. Ist nicht beispielsweise, fragt Durkheim, der Soldat, der, obgleich er nicht sterben will,
einen sicheren Tod auf sich nimmt, um sein Regiment
zu retten, ebenso Urheber seines eigenen Todes wie ein
Industrieller, der den Tod sucht, um der Schande des
Bankrotts zu entgehen? In beiden Fällen verzichtet
der einzelne nach Durkheims Dafürhalten auf das
Weiterleben, »und die verschiedenen Arten dieses Ver-
zichtes können nur Varianten der gleichen Klasse
sein«[4]. Zudem ist allen Formen dieses Verzichts eines
gemeinsam: »Das Opfer weiß im Augenblick des
Handelns, welches die Folge seines Verhaltens sein
wird, gleichgültig, was ihn dazu gebracht hat, so zu
handeln«[5]. Und alle diese Fälle bilden eine bestimmte,
homogene Gruppe, die sich durch die angeführten
Merkmale von anderen Gruppen unterscheidet. So
kann Durkheim den Selbstmord abschließend wie
folgt definieren: »Man nennt Selbstmord jeden Todes-
fall, der direkt oder indirekt auf eine Handlung oder
Unterlassung zurückzuführen ist, die vom Opfer selbst
begangen wurde, wobei es das Ergebnis seines Verhaltens im voraus kannte«[6]. Diese Definition kann

auch auf den Selbstmord*versuch* angewandt werden. Allerdings muß sie dann dahingehend ergänzt werden, daß hier die Handlung abgebrochen wird, bevor der Tod eintritt.

Darüber hinaus bietet sie den Vorteil, daß sie Licht wirft auf die Querverbindungen, die zwischen dem Selbstmord im eigentlichen Sinn und Phänomenen, die damit verwandt sind, bestehen. So ist nach Durkheims Einschätzung jemand, der sich wissentlich für einen anderen exponiert, ohne daß ein tödlicher Ausgang gewiß wäre, kein Selbstmörder – selbst wenn er dabei umkommt. Gleiches gilt von dem Leichtsinnigen, der mit dem Tod spielt, obwohl er ihm ausweichen will, oder von dem Apathischen, dem Gleichgültigen, der sich um nichts kümmert – nicht einmal um seine Gesundheit – und sein Leben dadurch aufs Spiel setzt. Dennoch: Für Durkheim unterscheiden sich diese und ähnliche Verhaltensweisen »nicht radikal« vom eigentlichen Selbstmord – bringen sie doch gleichermaßen Todesrisiken mit sich, die dem Handelnden nicht unbekannt sind, ihn aber nicht von seinem Tun abhalten.[7]

Über diese begrifflichen Klärungen hinaus bedarf das Thema einer Eingrenzung nach verschiedenen Seiten. So geht es im folgenden nicht um die *Psychologie* des Selbstmords. Thema wird also nicht die Reflexion auf die psychische Befindlichkeit derjenigen sein, die sich selbst das Leben nehmen.[8] Und auch die *Soziologie* des Selbstmords, das heißt die Untersuchung der sozialen Bedingungen und Gegebenheiten, die beim Entschluß zum Selbstmord eine Rolle mitspielen, bleibt außen vor.[9] Ferner wird man auch so gut wie nichts finden zu den beim Selbstmord angewandten

Methoden und zur Frage der Selbstmordverhütung.[10] Das schließt jedoch nicht aus, daß all diese Aspekte bei dem einen oder anderen Autor, der zu Wort kommen wird, nicht mitbedacht worden wären.

Zudem erfährt das Thema eine Eingrenzung dahingehend, daß ich mich auf die Darstellung der Argumente für und wider die ethische Erlaubtheit des *individuellen* Freitods, des frei gewählten Tods eines einzelnen Menschen also, beschränke. Die Problemdimension des *kollektiven* Selbstmords, das heißt der Selbstauslöschung der Menschheit, der Gattung Mensch – die sich vor allem im Zusammenhang mit dem Rüstungswettlauf in den Jahrzehnten nach dem Zweiten Weltkrieg und der Bewußtwerdung der ökologischen Krisen der Gegenwart eröffnet hat –, wird damit von vornherein ausgeblendet. Das hat zur Folge, daß all die Stimmen unberücksichtigt bleiben, denen entweder an einem solchen kollektiven Untergang einiges zu liegen scheint,[11] oder die nicht müde werden, vor ihm zu warnen.

Und schließlich bleibt mir noch darauf hinzuweisen, daß es mir nicht um eine lückenlose Dokumentation dessen zu tun ist, was in der europäischen Geistesgeschichte jemals alles für oder wider die ethische Erlaubtheit des Selbstmords vorgebracht worden ist. Ziel ist vielmehr, die grundlegenden *Typen* von Argumentationen vorzustellen, die hinsichtlich dieser Frage in der abendländischen Philosophie entwickelt worden sind. Und diesbezüglich, so denke ich, vermag die folgende Übersicht dann doch einen repräsentativen Querschnitt zu bieten.

I

Plädoyers für die Verwerflichkeit der Selbsttötung in Antike und Mittelalter

1. Man hat auf seinem Posten auszuharren: Platon

Die Plädoyers, die die Verwerflichkeit des Selbstmords demonstrieren wollen, werden auf abendländischem Boden eröffnet durch Platon (427-347 v. Chr.). Seine Erörterung der Problemlage findet sich vornehmlich in seinem Dialog *Phaidon*, in jenem berühmten Gespräch, in dem Sokrates, den nahen Tod vor Augen, im Gefängnis mit einigen Freunden über die Unsterblichkeit der Seele philosophiert. Das Nachdenken über den Tod nimmt seinen Ausgang von der von Sokrates formulierten These, es sei nicht recht, sich selbst Gewalt anzutun.[12] Aber warum eigentlich, so wird nachgefragt, sollte es nicht recht sein, sich selbst zu töten? Sokrates hat für diese Frage durchaus Verständnis. Es könne einem, so gibt er darauf nämlich zunächst zur Antwort, in der Tat seltsam erscheinen, daß die freiwillige Selbsttötung allein unter allen Dingen schlechthin zu verwerfen sei, während es sonst doch so stehe, daß es bisweilen und für einige Menschen offenbar besser sei, zu sterben als zu leben. Und gerade was diese Menschen anbetreffe – ihnen sollte es nicht erlaubt sein, freiwillig aus dem Leben zu scheiden, sich, wie es im Dialog heißt, »selbst wohlzutun«?[13] So scheine, sagt Sokrates, die vorgetragene These unvernünftig zu sein, gleichwohl entbehre sie nicht eines Grundes. Um welchen aber handelt es sich hierbei? Sokrates verdeutlicht die Sachlage zunächst mittels zweier Bilder. Das erste führt den Menschen vor Augen als ein Wesen, das sich in einer Festung befindet, aus der sich zu entfernen ihm nicht erlaubt ist.[14] Sich selbst töten, hieße demnach, sich unerlaubterweise aus der Feste zu befreien und davonzugehen. – Das zweite Bild stellt darauf ab, die Götter seien unsere Hüter, und wir Menschen gehörten zu einer ihrer Herden.

Beide Bilder dienen zur Veranschaulichung des einen und selben Arguments: Wir ›gehören‹ nicht uns selbst, und daher dürfen wir nicht über uns selbst verfügen. Angenommen, fragt Sokrates einen seiner Gesprächspartner, dir gehörte eine Herde, und ein Stück aus dieser Herde würde sich töten, ohne daß du wolltest, es solle sterben: würdest du dann diesem nicht zürnen und, wüßtest du eine Strafe, es nicht bestrafen? Ganz gewiß, antwortet darauf sein Gegenüber. Damit wird deutlich: Gemäß der Position, die Platon im *Phaidon* formuliert, stehen wir Menschen in der Macht der Götter. Aus dem Leben zu scheiden – das ist uns solange nicht erlaubt, bis der Gott irgend eine Notwendigkeit dazu verfügt hat.[15] Und eben eine solche Notwendigkeit glaubt Sokrates in dem Urteilsspruch der Athener, der ihn dem Tod überlieferte, zu erkennen. Er selbst also gehört damit aus seiner Sicht der Dinge keineswegs zu denjenigen, die sich ohne Erlaubnis aus der Festung davonmachen oder sich durch Selbsttötung aus der Herde des Gottes entfernen. Den über ihn verfügten Tod deutet er gerade als weisen Beschluß der Götter, der dokumentiert, wie sehr sich diese um ihre Herden sorgen – knüpft Sokrates doch an seinen Tod die Hoffnung, »zuerst zu anderen Göttern zu kommen, die auch weise und gut sind, und dann auch zu verstorbenen Menschen, welche besser sind als die hiesigen«[16].

Halten wir fest: Platon erachtet den Selbstmord für moralisch unerlaubt. Hand an sich selbst legen – das heißt für ihn, sich eine Verfügungsgewalt über das eigene Leben anmaßen, die nur den Göttern zusteht. Nur sie allein haben das Recht, über Leben oder Tod der Menschen zu bestimmen. Der Mensch, der sich selbst tötet, entfernt sich unerlaubt aus der Obhut der Götter, entzieht sich ihrer Fürsorge ohne deren Zustimmung und begeht damit einen durch nichts zu sühnenden Frevel.

Eine etwas anders gelagerte Deutungsperspektive liegt den späteren Ausführungen Platons zum Selbstmord zugrunde. Zwar beharrt er auch in den *Nomoi*, dem umfangreichen Spätwerk über die Gesetze, darauf, grundsätzlich sei der Selbstmord zu verwerfen. Hier allerdings lautet die Begründung: Indem er sich selbst tötet, entzieht der Selbstmörder gewaltsam dem über ihn verhängten Todestag seine Bestimmung, und zwar ohne daß der Staat durch einen Rechtsspruch es anordnete.[17] Aber dann bringt Platon weitere Aspekte zur Sprache, die die im *Phaidon* allein maßgebliche Deutungsperspektive differenzieren. Er schreibt nämlich, zu verwerfen sei der Selbstmord vor allem auch

16

dann, wenn er geschah, ohne daß der betreffende Mensch von einem höchst schmerzlichen und unentrinnbaren Schicksal getroffen worden sei oder ohne daß er einer unheilbaren Schmach anheimfiel, die ihm das Leben unerträglich machte. Wer sich umbringt, ohne daß solche Gründe vorliegen, der legt sich nach Platon aus Schlaffheit und feiger Verzagtheit selbst eine rechtswidrige Strafe auf.[18] Im Klartext aber heißt das: In der späten Phase seines Denkens akzeptiert Platon offenbar doch einige Gründe, durch die sich ein Selbstmord rechtfertigen läßt, nämlich ein höchst schmerzliches und unentrinnbares Schicksal und eine nicht wieder gut zu machende Schmach, die das Leben unerträglich macht. In solchen Fällen, so hat es nach diesen Darlegungen den Anschein, könnte Platon also einen Selbstmord gutheißen und Ausnahmen von der Nicht-Erlaubtheit des Selbstmords gestatten.

Aber die Tat als solche verlangt nach Platons Dafürhalten dennoch nach irgendeiner Art von Sühne. Da man den Selbstmörder nach geglückter Tat nicht mehr bestrafen kann, kann von Sühne für Platon nur im Blick auf Reinigungs- und Bestattungsriten die Rede sein. Welche Bräuche diesbezüglich zu befolgen sind, das weiß, wie er eingestehen muß, letztlich nur der Gott. Folglich haben die nächsten Anverwandten eines Selbstmörders die Ausleger des göttlichen Willens und die Gesetze zu befragen und deren Anordnungen zu befolgen.[19] Hinsichtlich der Bestattungs*stätten* der freiwillig aus dem Leben Geschiedenen hat Platon jedoch eine genau umrissene Vorstellung. So verfügt er in seinem Gesetzeswerk ausdrücklich, bei den Begräbnisstätten von Selbstmördern solle es sich, erstens, um einsame Plätze handeln. Und er meint damit, niemand solle neben ihnen begraben sein. Zweitens sollen Selbstmörder auf unbebautem, namenlosem Gelände beigesetzt werden. Im Kontext des späten Platonischen Staatsentwurfs heißt das näherhin: »an den Grenzen der zwölf Landesteile«. Und drittens schließlich soll die Bestattung des Selbstmörders ruhmlos erfolgen, womit Platon sagen will, keine Säule oder Inschrift solle ihr Grab bezeichnen.[20]

Mit diesen letzten Ausführungen geht Platon über die ethische Dimension der Selbstmordfrage hinaus und stellt sie in einen rituell-kulturellen Kontext. Mit seinen Ausführungen gibt er aber sehr deutlich zu verstehen, daß beides eng zusammengehört, denn die Behandlung, die der Leichnam eines Selbstmörders in Platons Staat erfährt, ist ja im letzten nichts anderes als Ausdruck der ethisch begründeten Verwerfung des Selbstmords. Damit findet man bereits bei Platon die Legitimation für das in christlichen Ländern bis weit in die Neuzeit befolgte Verfahren, den Leichnam eines Selbstmörders auf keinen Fall in gesegneter Erde beizusetzen, sondern irgendwo zu verscharren oder einfach auf den Schindanger zu werfen.

2. Kann man gegen sich selbst ein Unrecht begehen?: Aristoteles

In die Phalanx derjenigen, die von philosophischer Seite den Selbstmord für unerlaubt halten, reiht sich auch Platons wohl bedeutendster Schüler Aristoteles (384-322 v. Chr.) ein. Seine Überlegungen aber nehmen eine bemerkenswert andere Richtung. Während Platon, wie wir gesehen haben, das in Frage stehende Problem innerhalb eines religiös-mythischen Kontextes erörtert, erweist sich die Argumentation des Aristoteles als frei von aller transzendenten Spekulation. Er kommt auf den Selbstmord zu sprechen in Kapitel 15 des fünften Buchs seines ethischen Hauptwerks, der *Nikomachischen Ethik*. Dort diskutiert er das Problem im Umkreis der Frage, ob man sich selbst ein Unrecht antun könne oder nicht. Generell gilt diesbezüglich für ihn, daß gerecht das ist, was das Gesetz hinsichtlich jeder einzelnen Tugend anordnet. Und nun gebietet das Gesetz nicht, sich selbst zu töten. Was es aber nicht gebietet, das verbietet es.[21] Den Schluß hieraus zu ziehen, überläßt Aristoteles seinen Lesern: Also verbietet es den Selbstmord. Ein genial einfaches und unmittelbar einleuchtendes Argument? Ich habe da meine Zweifel, und zwar vornehmlich deswegen, weil es überhaupt nicht plausibel ist, daß all das, was Gesetze nicht ausdrücklich gebieten, verboten sein soll.

Zum Glück hat Aristoteles es nicht bei dieser dürren Auskunft belassen. Seine weitergehende Argumentation schlägt nun folgenden Weg ein. Wenn man jemanden entgegen der ausdrücklichen Bestimmung des Gesetzes schädigt, und zwar freiwillig und ohne damit einen Schaden zu vergelten, so begeht man ein Unrecht. ›Freiwillig‹ ist ein Handeln, das weiß, gegen wen es sich richtet und womit die Handlung ausgeführt wird. Wer sich nun im Zorn [sic!] selbst umbringt, führt freiwillig gegen die rechte Einsicht eine Handlung aus, die das Gesetz nicht gestattet. Er begeht also ein Unrecht.[22] Freilich läßt sich sofort fragen: Gegen wen denn begeht er ein Unrecht? Etwa gegen den Staat? Oder nicht vielmehr gegen sich selbst? Letzteres scheidet nach Aristoteles aus. Sein Argument: Der Selbstmörder leidet *freiwillig*, wenn er sich tötet. Niemand aber leidet freiwillig ein Unrecht. Also begeht der Selbstmörder kein Unrecht gegen sich selbst. Mithin bleibt nur übrig: Er begeht ein Unrecht gegen den Staat, der den Selbstmord verboten hat. »Darum«, faßt Aristoteles zusammen, »straft ihn auch der Staat, und es hängt über dem, der sich selbst tötet, eine Ehrlosigkeit als auf einem Menschen, der sich gegen den Staat vergangen hat«[23].

Mit dieser Argumentation stellt sich Aristoteles auf einen rein formalrechtlichen Standpunkt. Und das heißt: Bei ihm wird der Selbstmord erst gar nicht in eine moralische Dimension gerückt. Letztlich steht und fällt seine Argumentation mit dem wenig einsichtigen Argument, daß all das, was der Staat nicht ausdrücklich gebietet, verboten ist. Sofern der Staat den Selbstmord nicht eigens gebietet, wäre er demnach verboten. Zudem schweigt sich Aristoteles darüber aus, wie der Staat den Selbstmörder bestraft. Hat er diesbezüglich vielleicht Ähnliches im Blick wie Platon mit seinen Bestattungsvorschriften? Oder blickt er auf den *versuchten* und *mißglückten* Selbstmord, der eine Strafe verlangt? Diese Fragen müssen wohl unbeantwortet bleiben. Darüber hinaus fällt auf, daß Aristoteles die Problemdimension, die bei Platon wenigstens ansatzweise präsent war, nämlich die Frage nach den Motiven, aus denen heraus sich jemand umbringt, gänzlich ausklammert. Das einzige, was ihm hierzu offenbar einfällt, ist, daß sich jemand *im Zorn* umbringt. Indessen dürfte das wohl ein Motiv sein, das nur in den seltensten Fällen als adäquate Erklärung greift. So schlägt sich Aristoteles zwar auf die Seite derjenigen, die dem Selbstmord ablehnend gegenüberstehen. Seine diesbezügliche Argumentation jedoch – so sehr ihr auch zugute zu halten ist, daß sie sich nicht religiös-mythisch rückversichert – bleibt im letzten schwach und unbefriedigend.

3. Ein frühchristlicher Kasuist: Augustinus

Zu der Gruppe der Sittlichkeitsfanatiker, die den Selbstmord als grundsätzlich verwerflich ablehnen, ist ohne Frage auch der Kirchenlehrer Augustinus (354-430) zu rechnen. In seinem späten Hauptwerk *Der Gottesstaat* (*De Civitate Dei,* entstanden zwischen 413 und 427) stellt er unmißverständlich klar: Jeder, der sich selbst tötet, macht sich ebenso wie der, der einen anderen Menschen tötet, des Verbrechens des Mordes schuldig.[24] Aufgrund dieser Gleichstellung von Selbstmord und Mord wertet er die freiwillige Selbsttötung als »abscheuliche Untat« und »verderbliches Verbrechen«[25]. Seine diesbezüglichen Reflexionen entzünden sich – so kurios das auch klingen mag – am Problem der *Vergewaltigung*. Dürfen, so fragt er, Ehefrauen, Bräute und gottgeweihte Jungfrauen, die in der Gefahr stehen, vergewaltigt zu werden, sich dieser Gefahr entziehen, indem sie sich das Leben nehmen, bzw. haben diejenigen Frauen, die so gehandelt haben, recht gehandelt und kann ihnen verziehen werden? Ist, mit anderen Worten, Selbstmord aus Furcht vor einer möglichen Vergewaltigung erlaubt? Seine Antwort läuft, um es gleich vorwegzunehmen, auf ein entschiedenes Nein hinaus. Die Argumentation, mit der er dieses Nein zu stützen versucht, bewegt sich auf zwei Ebenen. Auf einer ersten, spezielleren Ebene erörtert er die Problemlage unter dem Aspekt der *Keuschheit* der betroffenen Frauen. Die zweite Ebene ist allgemeineren Charakters: auf ihr läuft die Argumentation über das im fünften Gebot des Dekalogs ausgesprochene Tötungsverbot.

Begeben wir uns zunächst auf die erste Ebene! Die Frage für Augustinus ist: Verliert eine Frau durch erlittene Vergewaltigung ihre Keuschheit, und ist sie berechtigt, zur Bewahrung ihrer Keuschheit sich selbst das Leben zu nehmen? Und er gibt hierauf zur Antwort: Keuschheit ist eine Tugend des *Geistes*. Deshalb muß eine Frau, solange der Wille, nicht zu sündigen, in ihr ungebrochen ist, nicht darüber besorgt sein, ihre Keuschheit zu verlieren, wenn an ihrem unfreien und überwältigten Leib fremde Wollust ihre Befriedigung sucht und findet.[26] Als *geistiges Gut*, will Augustinus damit sagen, kann die Keuschheit durch eine Vergewaltigung des *Leibes* gar nicht verloren gehen. »Die Heiligkeit des Leibes«, schreibt er in diesem Zusammenhang, »geht auch bei seiner Vergewaltigung nicht verloren, wenn die Heiligkeit des Geistes bewahrt bleibt«[27]. Wenn es sich aber so verhält, warum sollte man dann, um die Keuschheit retten zu wollen, sein Leben aufs Spiel setzen? Man würde dann ja versuchen, etwas zu retten, was im Grunde gar nicht bedroht ist. Dies gilt sowohl für die Fälle, in denen man sich selbst tötet, um einer drohenden Vergewaltigung zuvorzukommen, als auch für jene, wo Frauen sich getötet haben, nachdem sie vergewaltigt worden sind. In beiden Fällen, meint der frühchristliche Heilige, ist, sofern der *Wille* der Frau zur Keuschheit ungebrochen war, nichts geschehen, was sie durch den Tod sühnen müßte. Schuld hingegen lädt sie gerade dann auf sich, wenn sie sich aus Furcht vor oder nach erlittener Vergewaltigung selbst tötet, denn dann macht sie sich eines durch nichts zu rechtfertigenden Mordes – nämlich eines Mordes ihrer selbst – schuldig. In einer solchen Tat erblickt Augustinus den eigentlichen Frevel. Im Hinblick auf die Selbsttötung, mit der man einer *möglichen* Vergewaltigung zuvorkommen möchte, stellt er fest, daß man dann mit einem Mord einem Frevel begegnet, der noch ungewiß ist, einem Frevel, von dem man nicht mit letzter Gewißheit sagen kann, daß er tatsächlich geschehen wird.[28] Dazu kommt: Eine Frau, die sich aus den genannten Gründen selbst tötet, rächt eine fremde Untat an sich selber und fügt eben damit dem Frevel und der Untat anderer noch eine eigene hinzu.[29]

Ein aus Furcht vor oder nach erlittener Vergewaltigung verübter Selbstmord ist also für Augustinus moralisch nicht erlaubt. Auf dieser ersten, speziellen Argumentationsebene stützt er das mit dem Argument, eine Vergewaltigung beeinträchtige die Keuschheit einer Frau – vorausgesetzt, ihr Wille ist stark genug, sie zu bewahren – in keiner Weise und sie lade dadurch keinerlei Schuld auf sich. Schuldig hingegen wird sie seiner Ansicht nach dann, wenn sie sich selbst tötet, sei es, um einer drohenden Vergewaltigung zuvorzukommen, oder sei es, nachdem die Frau vergewaltigt worden ist. Sich aus solchen Gründen selbst zu töten – das dokumentiert für Augustinus im letzten nichts anderes als ein »schwächliches Schamgefühl«[30].

Wechseln wir nun auf die zweite, allgemeinere Ebene der Argumentation! Auf ihr geht Augustinus aus von dem Gebot »Du sollst nicht töten«. Dieses Gebot verbietet seiner Ansicht nach nicht nur den Mord, sondern gleicherweise auch den Selbstmord. Denn dieses Gebot ist ohne jeglichen Zusatz formuliert; es heißt also beispielsweise nicht: »Du sollst nicht *deinen Nächsten* töten«. Das Fehlen eines solchen oder ähnlichen Zusatzes muß nach Augustinus einen Grund haben. Und diesen erblickt er darin, daß Gott mit diesem Gebot nicht nur den Mord an einem anderen Menschen, sondern auch den Selbstmord hat verbieten wollen. Niemanden also nimmt das Tötungsverbot nach Augustinischer Interpretation aus, auch einen selbst nicht, das heißt auch den nicht, an den das Gebot gerichtet ist[31].

Aber Augustinus gesteht, daß ihn das Fehlen eines Zusatzes im fünften Gebot mit einer Schwierigkeit konfrontiert. Denn wenn das Tötungsverbot ausnahmslose Gültigkeit beansprucht, wie steht es dann mit dem Töten von *Pflanzen* und *Tieren*? Ist das Verbot, sie zu töten, auch im fünften Gebot impliziert? Nein, antwortet Augustinus darauf. Seine Begründung hierfür zeigt sehr deutlich, daß ihr die für das christliche Weltbild charakteristische Sonderstellung des Menschen als Ebenbild Gottes und Krone der Schöpfung zugrunde liegt. Das Tötungsverbot auch bei Pflanzen und Tieren zur Anwendung kommen zu lassen, hält er für »unsinnigen Irrtum« und »Wahn«, mit dem er nichts zu tun haben will.[32] Pflanzen, meint er, können deshalb bedenkenlos getötet werden, weil sie über keinerlei Empfindung verfügen. Und Tiere fallen nicht unter das Tötungsverbot, weil ihnen die Vernunft fehlt. Von daher muß, so Augustinus wörtlich, »nach der gerechten Anordnung des Schöpfers ihr Leben und Tod unserem Nutzen dienen«. Folglich ist das Gebot »Du sollst nicht töten« »ausschließlich auf den Menschen zu beziehen, und zwar sowohl auf den andern als auch auf sich selbst. Denn wer sich tötet, tötet auch einen Menschen«[33].

Freiwillige Selbsttötung also ist für Augustinus generell moralisch unerlaubt. Diese rigorose Einstellung kann man so zunächst einmal zur Kenntnis nehmen. Aber ein ungutes Gefühl schleicht sich ein, wenn man sieht, daß Augustinus das Tötungsverbot unter dem Aspekt der Tötung *anderer* Menschen offenbar doch nicht für so absolut erachtet, wie es nach den bisherigen Darlegungen den Anschein erweckt. Denn siehe da: Wenn jemand aufgrund eines Gesetzes oder auf ausdrücklichen Befehl einen anderen tötet, so ist dessen Handeln für Augustinus moralisch völlig in Ordnung. Diejenigen nämlich, »die auf Gottes Veranlassung Kriege führten, oder die als Träger obrigkeitlicher Gewalt nach seinen Gesetzen, das heißt nach dem Gebot vernünftiger Gerechtigkeit, Verbrecher mit dem Tode bestraften«, verstießen keineswegs gegen das Gebot »Du sollst nicht töten«[34]. Es gibt mithin nach Augustinus durchaus Fälle, in denen sich Menschen das Recht anmaßen dürfen, über das Leben anderer zu verfügen – freilich nur unter der für uns Heutige einigermaßen schwer nachvollziehbaren Voraussetzung, daß sie dabei auf ausdrücklichen Befehl Gottes hin handelten. Daß damit der Willkür Tür und Tor geöffnet werden kann, hat Augustinus offenbar nicht sehen wollen. So sind seine Ausführungen zum Tötungsverbot von einer eigentümlichen Ambivalenz durchzogen. Während er einerseits keinerlei Schwierigkeiten hat, unter bestimmten Bedingungen die Tötung anderer Menschen für sittlich gerechtfertigt zu halten, soll andererseits das Tötungsverbot hinsichtlich der freiwilligen Selbsttötung absolut gelten. Und »absolut« heißt hier für Augustinus auch: Selbst wenn jemand fremdes Unrecht dulden muß oder von einem derart harten Geschick getroffen worden ist, daß er das Leben nicht mehr zu ertragen vermag und ihm der Tod als einzig mögliche Alternative erscheint, darf er unter keinen Umständen Hand an sich legen. Tut er es dennoch, lädt er unweigerlich Schuld auf sich. In seinem Handeln dokumentiert sich für Augustinus dann nichts anderes als ein ›schwacher Geist‹, »der die harte Knechtschaft des Leibes oder die törichte Meinung der Menge nicht ertragen kann«[35]. Fast schon verächtlich tut er die Ansicht ab, die denjenigen, die freiwillig aus dem Leben scheiden, Seelengröße attestiert. Freiwillige Selbsttötungen, wie beispielsweise diejenige Catos, kann Augustinus von daher kaum als vorbildlich akzeptieren.[36] Ihm und allen, die sich mit dem Gedanken anfreunden können, freiwillig aus dem Leben zu scheiden, hält er als Paradigma eines auf Gott vertrauenden Lebens Hiob entgegen, »den heiligen Mann«, wie er sagt, »der lieber die ärgsten Qualen an seinem Leibe erdulden als durch freiwilligen Tod all der Pein ein Ende machen wollte«[37].

Die Grundgedanken Augustins zum Problem des Selbstmords wären damit fixiert. Freiwillige Selbsttötung läßt sich durch rein gar nichts moralisch rechtfertigen: nicht durch den Hinweis auf unerträgliche Leiden und ein allzu hartes Lebenslos, nicht durch den auf das Erdulden fremden Unrechts, erst recht nicht durch den, damit einem Frevel an sich selbst zuvorkommen zu wollen. Diese Liste ergänzt Augustinus nun noch um den Aspekt, man dürfe sich auch dann nicht das Leben nehmen, wenn man die *eigene* Sünde fürchtet. In der Hauptsache sind es drei Argumente, die er zur Stützung seiner Position beibringt. Erstens hält er es für »töricht«, schon jetzt zu sündigen, um nicht etwa später zu sündigen. Das heißt, er hält es für abwegig, sich zu töten, also in seinen Augen einen Mord zu begehen, um nicht später beispielsweise einen Ehebruch zu vollziehen. Zweitens meint er, wenn nun schon einmal die Schlechtigkeit so sehr das Übergewicht erlangt hat, daß man sich nicht für die Unschuld, sondern lieber für die Sünde entscheidet, dann sollte man sich lieber für den noch ungewissen künftigen Ehebruch als für den gewissen gegenwärtigen Mord entscheiden. Und drittens schließlich erscheint es ihm besser, etwas Sträfliches zu begehen, was durch entsprechende Buße wieder getilgt werden kann, als ein Verbrechen – nämlich einen Selbstmord –, das durch Buße nicht mehr gesühnt werden kann. Im übrigen ist er der Ansicht, einem christlichen Gemüt, das seinem Gott vertraut, auf ihn seine Hoffnung setzt und sich auf seine Beihilfe verläßt, liege es ohnehin fern, »den fleischlichen Gelüsten zuzustimmen«[38].

Aber dann konstruiert der Kasuist Augustinus doch noch einen Ausnahmefall vom strikten Verbot der Selbsttötung. Wie nämlich steht es um die heiligen Frauen, die in Verfolgungszeiten, um ihre Unschuld vor Angriffen durch die Verfolger zu retten, sich in die reißende Strömung des Flusses geworfen und so den Tod gefunden haben? Über solche Fälle von Märtyrer-

tum will Augustinus erklärtermaßen kein unbeson-
nenes Urteil abgeben. Aber, so fragt er, besteht hier
nicht die Möglichkeit, daß die betreffenden Personen
sich zu ihrer Tat entschlossen, nicht weil sie von Menschen getäuscht, sondern weil Gott selbst es ihnen
geheißen hat, sie also nicht irrten, vielmehr nur Gottes
Willen ausführten, ihm also gehorchten? Daß man
diese Möglichkeit nicht einfach von der Hand weisen
kann, ist für Augustinus unbestreitbar. Wenn also
einem freiwilligen Tod ein göttlicher Befehl zugrunde
liegt, dann darf man solchen Gehorsam keinesfalls
zum Unrecht stempeln; hier nämlich liegt nichts
anderes vor als »fromme Folgsamkeit«[39]. Aber damit
noch nicht genug. Augustinus setzt hier den Selbstmord, der auf göttliches Geheiß vollzogen worden ist,
in Analogie zu den Fällen, wo ein Soldat, der auf
Befehl seines Staates, also aufgrund des Gehorsams
gegen die rechtmäßige Gewalt, einen anderen Menschen tötet. Täte er es auf eigene Faust und Verant-
wortung, würde er nach Augustins Einschätzung der
Sachlage mit Recht zum Mörder erklärt; da er aber
nur den Gesetzen seines Staates gehorcht, belädt er
sich nicht mit Blutschuld, macht er sich nicht eines
Verstoßes gegen das Tötungsverbot schuldig. Und
wenn also solches schon vom Befehl eines Kaisers gilt,
um wieviel mehr gilt das dann vom Befehl des Schöpfers! Darum kann Augustinus von hierher resümieren:
»Wer also um das Verbot, sich selbst zu töten, weiß,
mag es dennoch tun, wenn der es befohlen hat, dessen
Befehle niemand verachten· darf«. Aber so ganz
scheint er sich seiner Sache dann doch nicht sicher zu
sein, denn immerhin hält er es für nötig, dem noch
hinzuzufügen: »aber er sehe wohl zu, ob dieser Befehl

auch keinen Zweifeln ausgesetzt ist«. Denn schließlich können wir nur urteilen nach dem, was wir hören; ein Urteil über verborgene Dinge hingegen dürfen wir uns nicht anmaßen.[40]

Abgesehen von diesem Spezialfall freiwilliger Selbsttötung hält Augustinus jedoch mit aller Entschiedenheit daran fest, niemand dürfe freiwillig den Tod suchen, um zeitlicher Pein, fremder Sünde oder eigener vergangener oder antizipierter Sünden zu entgehen oder weil es ihn nach einem besseren Leben verlangte. Für alle diejenigen, die den Qualen in diesem Leben durch freiwilliges Aus-dem-Leben-Scheiden zu entrinnen versuchen, gilt aus Augustinischer Perspektive, daß sie der *ewigen* Pein anheimfallen, daß sie durchaus kein besseres Leben erwartet.[41] Die Antwort auf die berechtigterweise zu stellende Frage, woher er das denn so bestimmt wisse, bleibt er indessen schuldig.

4. Selbstmord als Todsünde: Thomas von Aquin

Die Synthese aus Wissen und Glauben, die Thomas von Aquin – 1225 in Roccasecca in der Nähe von Neapel geboren und 1274 in Paris gestorben – herzustellen versuchte, gilt gemeinhin als der Höhepunkt der geistesgeschichtlichen Epoche, die man als »Scholastik« bezeichnet. Scholastik: Mit diesem Wort verbindet man heute nur zu oft abstrakte, blutleere Erörterungen und spitzfindige Wortklaubereien. Ursprünglich jedoch bezeichnete dieser Begriff lediglich den Umstand, daß das philosophische und theologische Denken seine charakteristische Ausgestaltung in schulmäßiger Form findet und nach einer streng durchgehaltenen Methode erfolgt. Eindrucksvoll durchgeführt findet man das beispielsweise in dem Werk des Thomas von Aquin, das als sein Hauptwerk angesehen wird: der *Summe der Theologie*, der *Summa theologiae* – so der lateinische Originaltitel –, an der Thomas von 1266 bis zu seinem Tod gearbeitet hat. Der erste Teil dieses Riesenwerks ist der Gotteslehre gewidmet. Der zweite Teil hat den Menschen und sein Streben nach Gott zum Thema. Und der dritte – unvollendete – Teil handelt von Christus, vom Weg des Menschen zu Gott und von den Sakramenten.

Seine Morallehre hat Thomas im zweiten Teil der *Summe* entwickelt. Für unser Thema von Bedeutung ist vor allem die Quaestio 64 von Teil II-II. Thema dieser Quaestio ist der Mord. In den ersten vier Artikeln geht Thomas den Fragen nach: 1. Ist es erlaubt, Lebendiges – ganz gleich um welches es sich dabei handelt – zu töten? 2. Ist es erlaubt, Sünder zu töten? 3. Ist es einer nichtamtlichen Person erlaubt, einen sündigen Menschen zu töten? 4. Ist es Mitgliedern des Klerus erlaubt, Übeltäter zu töten? Der 5. Artikel endlich bringt das Problem des Selbstmords zur Sprache: Ist es erlaubt, so fragt Thomas, sich selbst zu töten? Auf den ersten Blick hat es den Anschein, als ließe sich diese Frage recht schnell und eindeutig mit Ja beantworten. Thomas selbst nämlich listet zunächst insgesamt fünf Ansichten auf, die für eine sittliche Erlaubtheit des Selbstmords zu sprechen scheinen. Sehen wir uns diese Ansichten einmal der Reihe nach an!

Die erste, die Thomas anführt, geht davon aus, der Mord sei Sünde, da er der Gerechtigkeit widerspreche.

Nun könne aber, meint diese Ansicht weiter, niemand sich selbst eine Ungerechtigkeit antun. Und diesbezüglich könne man sich auf Aristoteles berufen, der dies bereits unmißverständlich dargelegt habe.[42] Also sündigt der, der sich selbst tötet, nicht. Nach dieser Auffassung scheint die Sache also so zu stehen, daß der Selbstmord aus der Sphäre des Rechts und der Gerechtigkeit herausfällt, weil niemand sich selbst ein Unrecht antun kann.

Die zweite Position, die Thomas vorstellt, greift ein Argument auf, das er selbst im 3. Artikel dieser Quaestio entfaltet hat. Demnach nämlich ist es demjenigen, der die öffentliche Gewalt besitzt, gestattet, die Übeltäter zu töten. Nun kann es aber vorkommen, daß derjenige, der die öffentliche Gewalt innehat, ein Übeltäter ist. Also wäre es ihm gestattet, sich selbst zu töten.

Drittens kann man argumentieren: Es ist doch wohl erlaubt, daß jemand sich aus freien Stücken in eine geringere Gefahr begibt, um einer größeren auszuweichen. Zur Verdeutlichung dessen, was er hiermit intendiert, zieht Thomas den Vergleich mit einem kranken, nicht mehr zu rettenden Körperglied heran. Durchaus, so legt er dar, sei es gestattet, daß jemand sich selbst ein fauliges Glied abnimmt, um den ganzen Körper zu retten. Ähnlich steht es dann auch, wenn jemand sich selbst tötet, um ein größeres Übel oder ein elendes Leben oder die Schande einer Sünde zu vermeiden. So scheint auch hier wieder herauszukommen, daß es gestattet ist, seinem Leben selbst ein Ende zu setzen.

Darüber hinaus bemüht Thomas zwei Stellen aus der Heiligen Schrift. Samson nämlich, so wird im alttestamentarischen Buch der Richter 16, 30 berichtet – und das führt Thomas als viertes Argument an, mit dem man die These von der Erlaubtheit des Selbstmords stützen könnte –, habe sich selbst umgebracht und werde dennoch, wie sich aus Hebräer 11, 32 ergebe, zu den Heiligen gerechnet.

Und fünftens schließlich heißt es im 2. Buch der Makkabäer 14, 41, ein gewisser Razias habe sich selbst getötet, weil er es vorzog, edelmütig zu sterben, als Ruchlosen zu verfallen und seiner Abstammung zuwider sich entehrenden Mißhandlungen auszusetzen. Und es scheint klar zu sein: nichts, was edelmütig und tapfer geschieht, ist unerlaubt. Mithin dürfte eine Selbsttötung dann gestattet sein, wenn sie dadurch motiviert ist, daß man einer entehrenden Mißhandlung zuvorkommen will.

Wie es aussieht, scheinen sich durchaus stichhaltige Überlegungen für die sittliche Erlaubtheit des Selbstmords anführen zu lassen. Für Thomas indessen trügt dieser Schein. Denn seiner Überzeugung nach ist der Selbstmord trotz der angeführten Argumente und Belege durchaus *nicht* gestattet. Um seine Position zu stärken, bemüht er die Autorität Augustins, der ja geschrieben hatte, das Gebot »Du sollst nicht töten«, sei ausschließlich auf den Menschen zu beziehen, und zwar sowohl auf den anderen als auch auf sich selbst. Denn wer sich selbst töte, töte auch einen Menschen.[43] Aber der Hinweis auf die Autorität des Augustinus allein reicht für Thomas natürlich nicht aus, um seine Ansicht zu untermauern. Daher entwickelt er selbst drei Argumente, um sie abzusichern.

Das erste Argument, das er vorbringt, verläuft gemäß der Schlußform: Der Selbstmord ist unerlaubt, weil er naturwidrig ist. Im einzelnen schlägt Thomas' Argumentation diesen Weg ein: Von Natur aus liebt jedes Ding sich selbst. Dies schließt ein, daß jedes Ding bestrebt ist, sich im Dasein zu erhalten und dem, der es zerstören will, so großen Widerstand, wie es eben kann, entgegenzusetzen. Folglich handelt derjenige, der sich selbst tötet, gegen die natürliche Neigung und gegen die Liebe, mit der jeder sich selbst zu lieben schuldet. So verstößt die Selbsttötung also gegen das natürliche Gesetz und steht im Widerspruch zu der Liebe, die ein jegliches Ding in seinem Dasein festhalten läßt. Und allein schon weil dem so ist, ist die Tötung seiner selbst für Thomas immer Todsünde.

Man sieht: Thomas arbeitet hier mit dem Begriff der Selbsterhaltung. Der Mensch rein als Naturwesen begriffen, ist allem zuvor darauf bedacht, sich selbst im Dasein zu erhalten. So bringt schon Thomas ein Argument zum Einsatz, das in der Neuzeit insbesondere von Thomas Hobbes und in der Folgezeit dann unter anderem von John Locke, Baruch de Spinoza und Jean-Jacques Rousseau aufgegriffen wird, um eine argumentative Basis zu schaffen, von der aus die sittliche Unerlaubtheit des Selbstmords dargetan werden kann.

Als zweites Argument bemüht Thomas ein sozialethisches. Jeder beliebige Teil, so argumentiert er, gehört mit dem, was er ist, dem Ganzen. Auf den Menschen und seine Lebensform übertragen heißt das: Der Mensch ist ein Teil der Gemeinschaft, und folglich gehört das, was er ist, der Gemeinschaft. Mithin begeht derjenige, der sich umbringt, gegenüber der Gemeinschaft ein Unrecht; er verstößt, mit anderen Worten, gegen das Recht der Gemeinschaft. Zur autoritativen Stützung dieses Arguments kann Thomas Aristoteles heranziehen, der – wie wir gesehen haben – in seiner *Nikomachischen Ethik*[44] eben dies als das aus seiner Sicht einzig durchschlagende Argument gegen die vermeintliche Erlaubtheit des Selbstmords ins Feld führt. Diese sozialethische Argumentation wird später vornehmlich von David Hume attackiert werden, der triftige Argumente findet, die sie in einige Bedrängnis bringt.

Dem dritten Argument schließlich, das Thomas in diesem Kontext entwickelt, liegt die Schlußfigur zugrunde: Der Selbstmord ist deswegen nicht erlaubt, weil der Mensch dazu keine Berechtigung hat. Thomas argumentiert wie folgt: Das Leben ist ein Geschenk, das Gott dem Menschen übereignet hat und das allein der Gewalt dessen unterworfen ist, ›der tötet und wieder ins Leben ruft‹, wie Thomas unter Bezug auf Deuteronomium 32, 39 sagt. Wer sich also selbst des Lebens beraubt, der sündigt gegen Gott – ähnlich wie der, der einen fremden Sklaven tötet, gegen den Herrn sündigt, dem dieser Sklave gehört. Oder wie der, der sich anmaßt, über eine Sache zu befinden, die ihm nicht anvertraut ist. Über Leben und Tod zu befinden – das ist allein Sache Gottes. Und folglich steht es dem Menschen nicht zu, seinem Leben selbst ein Ende zu setzen.

So kommt also heraus, daß Thomas den Selbstmord grundsätzlich als sittlich unerlaubt ansieht. In schlechterdings keinem Fall ist es dem Menschen gestattet, sich selbst zu töten – auch nicht in den Fällen, die Thomas eingangs anführte und die dem ersten Anschein nach durchaus für die ethische Erlaubtheit der Selbsttötung zu sprechen schienen. Thomas hat das im einzelnen für jeden der genannten Fälle eigens demonstriert.

Was den ersten Fall anbetrifft, so stellt er fest: Der Selbstmord ist Sünde, weil er sich in Gegensatz setzt zu der Liebe, die man als Mensch zu sich selbst haben soll. Daher ist der Selbstmord eine Sünde, die man an sich selbst begeht. Wie man sieht, arbeitet Thomas hier mit der Schlußfigur: unerlaubt, weil naturwidrig. Dazu kommt als weiteres: In bezug auf die Gemeinschaft und auf Gott ist der Selbstmord Sünde, weil er sich in Gegensatz setzt zur Gerechtigkeit, weil er, anders gesagt, sowohl gegen das Recht der Gesellschaft als auch gegen das Recht Gottes verstößt. Damit wird hier erneut deutlich, daß seiner Argumentation auch in diesem Punkt der Schluß: unerlaubt, weil unberechtigt, zugrunde liegt.

Und auch das zweite eingangs angeführte Argument, das aber ohnehin reichlich konstruiert erscheint, wird von Thomas entkräftet. Und zwar ebenfalls unter Zuhilfenahme der vorigen Schlußfigur: Demjenigen, sagt er nämlich, der die öffentliche Gewalt besitzt, ist es erlaubt, den Übeltäter zu töten, über den Recht gesprochen worden ist. Aber niemand ist Richter über sich selbst. Daher ist es auch dem Inhaber der öffentlichen Gewalt selbst dann nicht erlaubt, sich selbst zu töten, wenn er selbst ein Übeltäter ist. Aber nichts hindert ihn, sich der Gerichtsbarkeit anderer zu unterwerfen.

Ähnlich ergeht es auch der dritten Überlegung, die für die ethische Erlaubtheit des Selbstmords zu sprechen schien. Auch hier wieder kommt die logische Figur zum Einsatz, die aus dem Nicht-berechtigt-Sein auf das Nicht-erlaubt-Sein schließt. Diesmal geht Thomas von dem Befund aus, insoweit der Mensch über Wahlfreiheit verfüge, sei er Herr über sich selbst. Von daher ist es seiner Ansicht nach dem Menschen gestattet, bezüglich der Dinge, die zu diesem Leben, soweit es von der Wahlfreiheit des Menschen geleitet ist, gehören, über sich selbst zu bestimmen. *In* diesem Leben gesteht Thomas uns also eine Wahlfreiheit zu. Nicht hingegen, wenn es darum geht, von diesem Leben in ein glücklicheres Leben überzugehen. Ein solcher Übergang ist nicht mehr Sache unserer freien Wahl, sondern unterliegt einzig der göttlichen Macht. Deshalb ist es uns Menschen nicht erlaubt, uns selbst zu töten, um in ein glücklicheres Leben überzuwechseln.

Schon Augustinus sahen wir bestrebt, ein möglichst breites Spektrum von Fällen zu entwerfen, auf die seine Verurteilung des Selbstmords als einer höchst unsittlichen Tat Anwendung finden konnte. Ein ähnlich kasuistisches Unterfangen begegnet uns hier bei Thomas. Das soeben vorgestellte Argument sucht er nämlich auf verschiedene Situationen anzuwenden. Insgesamt vier lassen sich dabei unterscheiden. Erstens ist es nicht erlaubt sich umzubringen, um irgendwelchem Elend oder einer Not des gegenwärtigen Lebens zu entgehen. Unter Rückgriff auf die Ansicht des Aristoteles, das letzte und schrecklichste Übel dieses Lebens sei der Tod,[45] führt er aus: Sich selbst töten, um dem Elend des Lebens zu entgehen, das heiße doch: zur Vermeidung eines kleineren Übels ein größeres heranzuziehen. – Zweitens darf man sich selbst nicht töten wegen irgend einer Sünde, die man begangen hat. Und das zum einen deshalb nicht – und hier entpuppt sich Thomas als ein Meister sophistischer

Disputierkunst –, weil man sich dann im höchsten Grade dadurch schadet, daß man sich durch den Freitod die notwendige Zeit zur Buße wegnimmt. Und zum anderen aus dem Grund nicht, weil die Tötung eines Übeltäters nur der öffentlichen Gewalt gestattet ist – und das auch nur aufgrund eines Richterspruchs. – Drittens – und auch diese Überlegung ist uns von Augustinus her bekannt – ist es einer Frau nicht gestattet, sich den Tod zu geben, um einem eventuellen sexuellen Mißbrauch zuvorzukommen. Auch in einem solchen Fall würde man das größte Verbrechen begehen – nämlich die Selbsttötung, die ja für Thomas eine Todsünde ist –, um ein kleineres Verbrechen zu verhindern. Man beachte: Thomas hält sexuellen Mißbrauch und Vergewaltigung für ein »kleineres« Verbrechen – jedenfalls für ein kleineres als die Selbsttötung. Aufs Ganze gesehen gilt für ihn: Unzucht und Ehebruch sind geringere Sünden als der Mord, vollends als der Selbst-Mord, denn das ist die schwerste Sünde überhaupt, schadet er doch dem eigenen Selbst, dem man ja die größte Liebe schuldet. – Und viertens endlich – und auch das Argument kennen wir von Augustinus her – ist es niemandem erlaubt, sich selbst zu töten aus Furcht, man könnte in die Sünde einwilligen. Denn es ist ja, wie Thomas in Einklang mit Augustinus schreibt, völlig ungewiß, ob man in Zukunft in die Sünde einwilligen wird. Es steht schließlich allein in Gottes Hand, den Menschen – was für einer Versuchung er auch immer ausgesetzt sein wird – von der Sünde frei zu halten.

Soweit die kasuistischen Ergänzungen zu den Ausführungen, die die dritte eingangs angeführte Überlegung betreffen. Kommen wir nun zu der vierten: der

Geschichte mit Samson. Auch sie zieht für Thomas letztlich nicht; und zwar deshalb nicht, weil sie keinen Anspruch auf Allgemeingültigkeit erheben kann. Hier begnügt er sich damit, auf Augustinus zu verweisen, der die Sache seiner Überzeugung nach bereits zur vollsten Zufriedenheit geklärt habe – hat der doch darauf hingewiesen, der Sachverhalt, daß Samson sich selbst mitsamt seinen Feinden durch das Nieder-reißen eines Hauses verschüttete, sei so zu erklären, daß auf eine uns verborgene Weise der Geist ihm dies befahl, der durch ihn Wunder tat.[46] Und Thomas stimmt Augustinus auch insofern zu, als dieser angibt, auch jene heiligen Frauen, die sich selbst töteten, um der Verfolgung zu entkommen, hätten dies aus eben diesem Grund getan. – Wie man sieht, gibt sich Tho-mas hier mit einem Autoritätsbeweis zufrieden. Die Sachlage in diesem Punkt, so scheint es, hält er durch die Ausführungen Augustins offenbar hinreichend geklärt.

Wie steht es nun mit dem fünften Argument, das Thomas zu Beginn seiner Erörterung der Selbstmord-frage herangezogen hat: demjenigen, das die Erlaubt-heit des Selbstmords an Tapferkeit und Edelmut bindet? Auch hier sieht man ihn bestrebt, eine ent-schiedene Gegenposition zu beziehen. Für Thomas gehört zur Tapferkeit unbedingt dazu, daß man nicht davor flieht, durch einen anderen getötet zu werden, um eines Guts oder einer Tugend willen oder damit man die Sünde meidet. Der Sachverhalt, daß jemand sich selbst tötet, um Strafübeln zu entgehen, hat für Thomas zwar einen gewissen Anschein von Tapfer-keit; im Grunde jedoch hält er die Betreffenden – und eben auch jenen oben erwähnten Razias – nicht für wahrhaft tapfer. Eher, so gibt er zu verstehen, müsse man ihm eine gewisse Weichheit des Gemüts attestieren, denn offenbar besäßen Menschen wie er nicht die Kraft, die Strafübel zu ertragen. Im übrigen – so Thomas abschließend – hätten auch schon Aristoteles[47] und Augustinus[48] die Sache so gesehen.

Ich versuche ein Fazit zu formulieren. Zieht man die Argumentation des Thomas auf die entscheidenden Punkte zusammen, dann wird deutlich, daß der Selbstmord für ihn ein Verbrechen in dreifachem Sinne darstellt: Er ist ein Verbrechen des Menschen gegen sich selbst, ein Verbrechen gegen die Gesellschaft und ein Verbrechen gegen Gott. Aber Thomas stellt sich diesbezüglich nicht auf einen bloß formalen Rechtsstandpunkt. Diesen formalrechtlichen Aspekt kombiniert er vielmehr mit dem sittlichen. Besonders deutlich geht das aus dem ersten Argument hervor, das Thomas gegen die vermeintliche Erlaubtheit des Selbstmords in Anschlag bringt. Aus der Natur des Menschen leitet Thomas hier ganz bestimmte sittliche Handlungsnormen ab. Denn hier wird aus dem natürlichen Selbsterhaltungstrieb des Menschen und der Liebe, die er sich selbst schuldet, die sittliche Verwerflichkeit des Selbstmords gefolgert. Aber diese sittlichen Handlungsnormen haben für Thomas offenbar zugleich einen rechtlichen Charakter; und zwar insofern, als sie dazu dienen, eine soziale Ordnung aufrecht zu erhalten und das Verhalten des Menschen zu sich selbst und zu anderen zu regeln und so die Sphäre dessen, was Thomas als Gerechtigkeit bezeichnet, allererst zu konstituieren. Das, so scheint mir, ist der Grund, warum Thomas schreiben kann, in bezug auf sich selbst sei die Selbsttötung Sünde – da sie gegen die

Selbstliebe verstoße –, und bezogen auf Gott und die Gemeinschaft, deren Teil man ist, sei sie nicht erlaubt, weil sie sich in Gegensatz setze zur Gerechtigkeit.

II

Erste Einsprüche

1. Die Tür steht offen:
Der ›wohlüberlegte Freitod‹ der Stoiker

Im Ruf, besonders selbstmordfreudig gewesen zu sein, stehen von jeher die Stoiker. Sehen wir uns diesbezüglich zunächst die Fakten an – sofern man bei der Unsicherheit der Überlieferung überhaupt von Fakten sprechen kann! Traut man der Überlieferung, dann sind von den drei Schulhäuptern der älteren Stoa – Zenon, Kleanthes und Chrysippos – immerhin zwei freiwillig aus dem Leben geschieden. Zenon (um 336/33 v. Chr. in Kition auf Zypern geboren), so hat Diogenes Laertios mitgeteilt, sei im Alter von 98 Jahren nach einem von Krankheit verschonten, gesunden Leben gestorben. Und zwar sei er beim Heraustreten aus seinem Schulgebäude der *stoa poikile* – einer mit Gemälden Polygnots geschmückten Säulenhalle, von der sich der Name dieser philosophischen Richtung ableitet – gestolpert, habe sich die Finger gebrochen, mit der Hand auf die Erde geschlagen, dabei die Worte aus der *Niobe* des Aischylos gerufen: »Schon komme ich, was rufst du mich?« und sich anschlie-

ßend erwürgt.[49] Möglicherweise erschien diese Todesart unserem antiken Gewährsmann selbst als reichlich
unglaubwürdig – wie soll das gehen: sich selbst erwür-
gen, und das mit gebrochenen Fingern?! Jedenfalls
führt er noch eine weitere Variante an: die nämlich,
Zenon habe sich durch freiwilliges Verhungern den
Tod gegeben.[50]

Ähnliches wird von Kleanthes (geboren um 331 v.
Chr. in Assos), seinem Schüler und Nachfolger als
Schuloberhaupt, berichtet: auch er sei eines freiwilligen Hungertods gestorben. Die Umstände, die dazu
führten, sind freilich nicht weniger kurios als die beim
Tod des Zenon. Bei Kleanthes hatte sich eine
Geschwulst am Zahnfleisch gebildet. Die Ärzte rieten
ihm, sich zwei Tage lang jeglicher Nahrung zu enthalten, woraufhin die Geschwulst zurückging und die
Ärzte ihm wieder erlaubten zu essen. Aber Kleanthes
hat davon nichts hören wollen und erklärt, einen Teil
des Weges habe er nun schon zurückgelegt. Und so
habe er sich weiterhin jeglicher Nahrung enthalten, bis
der Tod eingetreten sei.[51]

Von Chrysippos (geboren um 281 v. Chr. in Soloi
in Kikilien) schließlich, der dritten großen Gestalt der
älteren Stoa, läßt sich dergleichen nicht mitteilen.
Jedoch ist auch sein Tod nicht ohne Eigenart. Auch
hier gibt es zwei Versionen.[52] Nach der einen soll er bei
einem zusammen mit seinen Schülern dargebrachten
Opfer ungemischten süßen Wein getrunken, davon
Schwindel bekommen haben und nach fünf Tagen
gestorben sein. Nach der anderen ist er einem Anfall
übermäßigen Lachens erlegen: Ein Esel, so geht die
Sage, hatte ihm seine Feigen weggegessen, und Chrysippos habe daraufhin Anweisung gegeben, dem Esel

nun auch noch ungemischten Wein zu reichen. An dem Lachkrampf, den der Anblick des Wein trinkenden und – wie zu vermuten steht – daraufhin durch den Hof torkelnden Esels in ihm hervorrief, sei er dann gestorben.

Immerhin zwei Drittel der Köpfe der älteren Stoa wären damit eines freiwilligen Todes gestorben. Bei der mittleren Stoa hingegen fällt die Ausbeute eher mager aus. Über deren führende Schulhäupter Panaitios (ca. 185-100 v. Chr.) und Poseidonios (ca. 135-51 v. Chr.) lassen sich ähnliche Anekdoten nicht beibringen. Jedoch ist überliefert, daß auch in dieser Zeit relativ viele, die der stoischen Denktradition nahestanden, durch eigene Hand starben. Was die Folgezeit anbetrifft, so hat sich vornehmlich der freiwillige Tod eines prominenten Mitglieds der jüngeren Stoa, der Stoa der römischen Kaiserzeit, im allgemeinen Bewußtsein festgesetzt: derjenige Senecas (4 v. Chr.-65 n. Chr.). Von Nero verdächtigt, an der sogenannten Pisonischen Verschwörung beteiligt gewesen zu sein, wird er von diesem aufgefordert, sich selbst zu töten. Kein Problem für einen Philosophen, der sich stoischem Denken verpflichtet fühlte! Wie Tacitus berichtet hat,[53] diktierte Seneca, nachdem ihm Neros Anordnung überbracht worden war, einem Sklaven einen Abschiedsbrief an die Römer, verabschiedete sich von seiner Frau, trank einen Becher mit Gift, legte sich ins Bad und schnitt sich die Pulsadern auf.

Auch wenn Seneca damit im Kreis der zur jüngeren Stoa gerechneten Philosophen einzig dasteht – von Epiktet (50-138) zum Beispiel ist nichts über ein freiwilliges Aus-dem-Leben-Scheiden bekannt, und der Kaiser Marc Aurel (121-180), der sich in einem Militärlager mit der Pest infiziert hatte, soll sich auf sein Bett gelegt, sich das Tuch über den Kopf gezogen und im wahrsten Sinne des Wortes stoisch auf den Tod gewartet haben –, so fällt doch die relative Häufigkeit des freiwilligen Todes bei Mitgliedern der stoischen Schule auf. Das hat freilich seine Gründe – Gründe, die weniger äußerer Natur sind, sondern in erster Linie in der stoischen Philosophie selbst liegen: begegnen wir hier doch einem Denkansatz, demzufolge Selbstmord in bestimmten Situationen nicht nur als ethisch erlaubt angesehen, sondern geradezu in den Rang einer Pflicht erhoben wird. Sehen wir uns also diesen Denkansatz etwas näher an!

Dem philosophischen Konzept, das die Gründer der stoischen Schule entwickelten, lag die Annahme zugrunde, das All (bzw. der Kosmos oder das Universum) werde durchströmt von einer göttlichen Kraft, die sie *Logos* – also ›Vernunft‹ – und *Pneuma* – das heißt soviel wie belebender Hauch oder Atem – nannten. Nach Ansicht der Stoiker geht alles in der Welt aus dieser göttlichen Urkraft mit Notwendigkeit hervor. Diese Notwendigkeit, die wir Menschen als unser Schicksal und unser Verhängnis erleben – die Stoiker gebrauchten dafür den Begriff *Heimarmene*, den die Römer später mit *Fatum* übersetzten –, wurde von den Stoikern als zweckvoll und gut angesehen, da ja sie es ist, aus der die kosmische Ordnung, in der alles seinen Ort und seinen Sinn hat, hervorgegangen ist.

Des weiteren nun begriffen die Stoiker die menschliche Seele als Abbild der göttlichen Vernunft, des göttlichen Pneumas. Der Mensch hat also teil an dem den Kosmos durchwirkenden Logos. Seine »Natur«, mit anderen Worten, stimmt dem Wesen nach überein mit der »Natur« des Alls. Und da die vernünftig ist, ist es auch die Natur des Menschen. Menschsein heißt mithin nach stoischer Auffassung: ein *vernünftiges Wesen* sein.

Aus dieser Sichtweise ergab sich für die Stoiker, an den einzelnen die Forderung zu richten, in Übereinstimmung mit der Natur zu leben. ›Leben in Einklang mit der Natur‹ wurde dann auch über die Jahrhunderte hinweg die stehende Formel, mit der die Stoiker das Ziel, das es im Leben zu erreichen gelte, bezeichneten. Und da ja für sie Natur gleich Vernunft war, wurde der einzelne damit verpflichtet, ein vernunftgemäßes Leben zu führen. Das heißt zum einen, sich seinen Trieben, Begierden, Wünschen und den diversen Willensregungen gegenüber souverän zu behaupten und dem Ideal der *Apathia*, der Leidenschaftslosigkeit, des Freiseins von Affekten jeglicher Art, nachzustreben. Und es hieß zum anderen, gegenüber den Gütern dieser Welt eine distanzierte Stellung einzunehmen. Sehr klar geht das aus der Güterlehre der Stoa hervor.[54] Grundsätzlich nahmen die Stoiker eine Dreiteilung der Dinge vor: Vom Seienden sind das eine Güter, das andere Übel, das dritte gleichgültige Dinge. Neben den als gut und als übel bewerteten Dingen gibt es also für die Stoiker zudem solche, die weder gut noch übel sind: die gleichgültigen, im Hinblick auf gut oder übel indifferenten Dinge. Die Stoiker nannten sie die *Adiaphora*.

Als *Güter* nun zählten für die Stoiker folgende: Einsicht, Selbstbeherrschung, Gerechtigkeit, Tapferkeit und alles, was Tugend ist oder teilhat an Tugend, kurz: alles, was aus vernünftigem, nicht affektgeleitetem Handeln folgt. *Übel* hingegen sind Unverstand,

Zügellosigkeit, Ungerechtigkeit, Feigheit und alles, was Laster ist oder teilhat am Laster. Mit anderen Worten: Übel sind all das, was sich daraus ergibt, daß man sich von Affekten und Trieben bestimmen läßt. Und bei den *gleichgültigen* Dingen schließlich handelt es sich um Leben und Tod, Ruhm und Ruhmlosigkeit, Lust und Schmerz, Reichtum und Armut, Gesundheit und Krankheit und das, was diesem ähnlich ist.

Der Tod – und damit sind wir endlich bei unserem eigentlichen Thema – zählt also nach stoischer Lehre zu den indifferenten Dingen, den Adiaphora, zu den Dingen, die weder etwas Gutes noch etwas Übles sind. Daß der Tod etwas Gutes ist – das sind wir sicherlich in den wenigsten Fällen bereit zuzugeben. Eher schon würden wir wohl dafür plädieren, ihn als etwas Übles anzusehen. Aber ihn einfach als gleichgültig einzustufen – ist das nicht etwas seltsam? Auf den ersten Blick mag es so scheinen. Aber für die Stoiker bewährt sich die stoische Haltung – die Apathia – auch und gerade im Angesicht des Todes: des eigenen wie auch des fremden. Denn gerade hier ist der einzelne gefordert, souverän seinen Affekten entgegenzutreten und dem Tod zu begegnen als etwas, das uns im Grunde nicht sonderlich angeht.[55] Dazu kommt ein weiterer Aspekt. Ein Gut nämlich wird nach Überzeugung der Stoiker durch die hinzukommende Zeit nicht gesteigert. Das Leben des Menschen wird mithin nicht dadurch ein Gut bzw. erfährt keine Steigerung dadurch, daß es eine möglichst lange Zeit dauert. »Wenn einer«, haben die Stoiker diesbezüglich formuliert, »auch nur einen Augenblick die volle Erkenntnis hat, steht er an Glückseligkeit in nichts hinter dem zurück, der in

Ewigkeit die Tugend besitzt und in ihr selig sein Leben hinbringt«[56].

Nun nehmen die Stoiker aber noch eine weitere bedeutsame Differenzierung vor. Ebenso wie der Tod gilt ihnen grundsätzlich auch das Leben als etwas Indifferentes. Da aber das Leben der Natur gemäß sein soll und die Bedingung für die Betätigung der Vernunft ist, gehört es zu den sogenannten ›bevorzugten‹ Dingen. Folglich ist es zunächst einmal vernünftig, in diesem Leben zu verharren.[57] Zugleich aber sind die Stoiker überzeugt – und diese Überzeugung zieht sich wie ein roter Faden durch die Geschichte der stoischen Schule –, es könnten Lebensumstände eintreten, die es angebracht erscheinen lassen, dem Leben ein Ende zu setzen. Liegen die entsprechenden Umstände vor, dann gebietet es, wie die Stoiker lehrten, gewissermaßen der Logos selbst, freiwillig das Leben zu verlassen. Damit wollen sie auf folgendes hinaus: Nicht etwa aus unmännlicher Schwäche, oder weil man mit seinem Schicksal hadert, oder etwa aus einer bloßen Laune heraus, oder einfach aus Lebensüberdruß darf man den Freitod suchen. Nein, erlaubt ist er nur dann, wenn ihm eine eingehende Prüfung der Lebensumstände vorauf geht und die Gründe für und gegen ein Weiterleben vernünftig erwogen worden sind. Diese Überlegungen müssen unwiderleglich dartun, daß unter den gegebenen Umständen ein naturgemäßes Leben nicht länger möglich ist. Nur ein dergestalt ›wohlüberlegter Freitod‹ also – eine *eulogos exagoge*, wie das auf griechisch heißt – ist sittlich erlaubt.

Um den einzelnen, die möglicherweise vor einer solchen Entscheidung stehen, Hilfestellung zu geben,

47

hat sich bereits die ältere Stoa eine Art Kasuistik erarbeitet und Situationen und Lebensumstände benannt, in denen aus ihrer Sicht der Freitod die einzig angemessene Reaktion ist.[58] Demnach ist es dann sittlich erlaubt, freiwillig aus dem Leben zu scheiden, wenn man durch einen solchen Tod das Vaterland oder Freunde rettet. Sittlich erlaubt ist er zudem, wenn man unheilbar krank ist oder verstümmelt wird oder unerträgliche Schmerzen erleiden muß. Spätere Stoiker haben dieses kasuistische Gerüst weiter verfeinert und ergänzt, so daß der Kanon, der den Freitod als sittlich erlaubt deklariert, insgesamt *fünf* Fälle zu benennen weiß.[59] Diesen Überlegungen zufolge darf man seinem Leben selbst ein Ende setzen, erstens, wenn es eine dringende sittliche Notwendigkeit gebietet. So ein Fall liegt vor, wenn sich jemand für sein Vaterland aufopfert. Zweitens ist der Freitod erlaubt, wenn man sich nur durch ihn der Gewalt eines Tyrannen, der einen zu ungerechten, überhaupt unsittlichen Handlungen zwingen will, entziehen kann. Drittens darf man sich den Tod dann geben, wenn eine langwierige Krankheit den Leib daran hindert, der Seele als Werkzeug zu dienen. Viertens kann auch Armut und absoluter Mangel an Nahrung ein Grund sein, um freiwillig aus dem Leben zu scheiden. Dieses Argument wird – neben anderen – vor allem von einem der späteren Stoiker, nämlich Epiktet, bemüht, um den Selbstmord als erlaubt hinzustellen.[60] Die Schulgründer Zenon, Kleanthes und Chrysippos hätten dies, falls überhaupt, nur für den äußersten Fall zugegeben. Und fünftens schließlich rundet Geisteskrankheit den Kanon der sittlich erlaubten Fälle eines freiwilligen Todes ab.

Dieser Kanon zeigt: Es sind nur einige wenige Fälle, in denen der Selbstmord sittlich erlaubt ist. Zwar gehört das Leben nicht direkt zu den Gütern; aber da es die Voraussetzung ist für ethisches Handeln und Verhalten überhaupt, darf man es nicht einfach wegwerfen. Treten jedoch Fälle ein, wie sie der angeführte Kanon auflistet, dann wird der Freitod aus stoischer Sicht zu einer sittlichen Tat, ja, dann wird er geradezu zur Pflicht.[61] All denen, die in der einen oder anderen der aufgeführten Situationen über ihr Leben entscheiden müssen, steht, wenn sie es nach reiflicher Überlegung verlassen wollen, die Tür offen, wie Epiktet wiederholt mit einer schönen Metapher sagt.[62] Zeus selbst nämlich hat sie geöffnet und uns damit die Möglichkeit gegeben, wann immer wir es wünschen, das Haus zu verlassen.[63]

Wege, das Haus zu verlassen, gibt es viele. Vornehmlich Seneca hat darauf des öfteren hingewiesen. »Der Ausgang aus dem Leben ist euch leichter gemacht als der Eingang«, schreibt er in seinem Traktat *Über die Vorsehung*. Und er fährt fort: »Jeder Augenblick, jeder Ort kann euch lehren, wie leicht es sei, der Natur den Dienst aufzukündigen und ihr Geschenk heimzuzahlen«[64]. An was konkret er dabei denkt, hat er im Fortgang dieses Traktats, prägnanter aber noch in der Schrift *Über den Zorn* unmißverständlich ausgesprochen: »Sieh dich nur um, überall kannst du dein Elend endigen. Siehst du jene steile Stelle? Dort hinab geht's in die Freiheit! Siehst du jenes Meer, jenen Fluß, jenen Brunnen? Auf ihrem Grunde wohnt die Freiheit! Siehst du jenen kleinen, dürren, verkrüppelten Baum? An ihm hängt die Freiheit! Dein Hals, deine Kehle, dein Herz: lauter Wege, der Sklaverei zu entrinnen. Sind dir diese Auswege zu qualvoll, fordern sie zuviel Mut und Kraft, fragst du nach dem leichtesten Weg zur Freiheit: – jede Ader deines Körpers ist ein solcher Weg!«[65]

Mit all dem wird letztlich deutlich: seinem Leben aufgrund reiflicher Überlegung ein Ende setzen – das Haus verlassen, durch die offene Tür hinaus schreiten –: im Grunde gelingt es uns aus stoischer Sicht allein in einem solchen Akt, uns unsere innere Freiheit zu wahren und uns unsere Autonomie zu sichern. »Gefällt dir's, so lebe«, schreibt Seneca in diesem Sinne im 70. Brief an Lucilius, »gefällt dir's nicht, so kannst du wieder hingehen, woher du gekommen. Um die Kopfschmerzen los zu werden, hast du schon öfters Blut gelassen. Um die Körperfülle zu mindern, wird dir zu Ader gelassen. Es ist nicht nötig, die Brust durch eine weit klaffende Wunde zu spalten: ein Messerchen genügt, den Weg zu bahnen zu jener hochherrlichen Freiheit, ein einziger Stich sichert uns die sorgenlose Ruhe«[66].

2. Philosophieren heißt sterben lernen: Michel de Montaigne

Auf neuzeitlichem Boden wird die Auseinandersetzung mit denjenigen Konzeptionen, die die Selbsttötung als unmoralischen, verwerflichen Akt einstufen, eröffnet durch Michel de Montaigne (1533-1592). Montaigne, Parlamentsrat und von 1582-1586 Bürgermeister von Bordeaux, veröffentlichte 1580 die erste Fassung seiner von ihm so genannten *Essais*: Versuche, wie er selbst sagt, über die heterogensten

Fragen und Probleme, die sich einem Menschen stellen, der mit wachem Bewußtsein die Zeitereignisse reflektiert und sie auf ihre überzeitlichen Momente hin untersucht. Mit seinen *Essais* schuf Montaigne nicht nur eine eigenständige literarische Form. Was an ihnen heute vor allem fasziniert, ist, daß in ihnen deutlich wird, daß und wie sich auch in der Neuzeit Philosophie als Theorie der Lebenskunst realisieren läßt. Philosophie als Theorie der Lebenskunst betreiben – das heißt für Montaigne: der eigentlichen Aufgabe, die das Leben stellt, mit den Mitteln des Denkens nachzugehen, näherhin: »Lebensordnung, Lebenshaltung und Lebensleid zu gestalten«[67]. »Im Lebensbuch«, heißt es in diesem Zusammenhang bei Montaigne dann weiter, »sind vielerlei Pflichten eingetragen; das umfassendste und hauptsächlichste Kapitel ist das von der Lebenskunst; der Abschnitt von der Sterbenskunst ist nur eines der zahlreichen Unterteile dieses Kapitels, und zwar eins der unwichtigsten, wenn es nicht durch unsere Angst beschwert würde«[68].

Der Tod und der rechte Umgang mit ihm, die »Sterbenskunst«, wie Montaigne sagt, stellen also unverzichtbare Kapitel in dem Buch dar, in dem es um die Kunst zu leben geht. An sich handelt es sich beim Tod eher um ein Unterkapitel; aber da er ein Problem darstellt, das uns immer wieder bedrängt, von dem wir im Leben nie ganz loskommen, und weil der Tod den unwiderruflichen Schlußpunkt unseres Lebens setzt und uns durch all dies immer wieder Angst macht, rückt er dann doch an eine zentralere Stelle als ihm eigentlich zukommt. So nimmt es denn auch nicht wunder, wenn Tod, Sterblichkeit, sterben müssen und sterben lernen sich zu Themen verdichten, auf die Montaigne in seinen Versuchen wiederholt zu sprechen kommt. Grundsätzlich gilt dabei für ihn: Der Tod ist wohl das Ende, aber nicht das Ziel des Lebens; »er ist der Schluß, die Grenze, aber nicht der Inhalt des Lebens«[69]. Aber gerade weil er die Grenze des Lebens markiert, gilt es, sich mit ihm auseinanderzusetzen. Und das heißt für Montaigne allem zuvor: ihm seinen Schrecken zu nehmen. Wir müssen lernen, so heißt es in dem großartigen Essay *Philosophieren heißt sterben lernen*, dem Tod entgegenzutreten und mit ihm fertig zu werden: »wir müssen versuchen, ihm seine furchtbare Fremdartigkeit zu nehmen, mit Geschick an ihn heranzukommen, uns an ihn zu gewöhnen, nichts anderes so oft wie den Tod im Kopf zu haben, ihn uns in unserer Phantasie immer wieder in den verschiedensten Erscheinungsformen auszumalen«[70].

Zentrale Maxime bezüglich des rechten Umgangs mit dem Tod ist dabei nach Montaigne: »Sterben können befreit uns von aller Knechtschaft, von allem Zwang«. Oder, anders formuliert: »Wer zu sterben gelernt hat, den drückt *kein* Dienst mehr«[71]. Wie kann ein Mensch seine Freiheit wahren? – fragt Montaigne. Und er gibt darauf zur Antwort: Wenn man keine Angst vor dem Sterben hat.[72] Der Tod kommt damit in den Blick als Akt, durch den wir endgültig alle Fesseln, alle Knechtschaft, die das Leben für uns bereithält, abwerfen, durch den wir alle Verhältnisse der Dienstbarkeit letztgültig aufkündigen. Und nun ist hierbei entscheidend, daß das alles nicht nur von dem Tod gilt, der, wie man für gewöhnlich sagt, das natürliche Ende unserer Lebensspanne darstellt, sondern erst recht von dem Tod, den man sich aus völlig freien Stücken selbst gibt. Er vor allem ist es, durch den wir uns unsere Freiheit gegen jeglichen Zugriff von außen sichern. Ja, der Tod, den wir uns selbst geben, ist nach Montaignes Sicht der Dinge recht eigentlich der Akt, in dem sich der Mensch ein Höchstmaß an Freiheit erringt. Und, so scheint es, allein der Tod, den jemand aus absolut freier Entscheidung heraus selbst wählt, ist für Montaigne ein *schöner* Tod. In diesem Sinne heißt es in dem Essay *Eine Sitte auf der Insel Keos*, der Montaignes Ansichten über den Freitod versammelt, einmal: »Der Tod ist um so schöner, je mehr der Mensch ihn selbst will. Unser Leben hängt vom Willen anderer ab, der Tod von unserem eigenen Willen«[73]. Derjenige, der auf diese Weise über seinen Tod verfügt, ist für Montaigne der wahre Weise: denn der, so sagt Montaigne unter Rückgriff auf antike Vorbilder, lebt so lange wie er muß, und nicht so lange wie er kann.[74]

Bei all dem ist sich Montaigne völlig darüber im klaren, daß der Selbstmord in der Regel das Resultat von Lebensumständen und einer dadurch mit bedingten Einstellung zum Leben ist, in der die Leiderfahrungen und die negativ getönten Empfindungen das als positiv Erlebte bei weitem überwiegen. Dem dergestalt am Leben Leidenden erscheint der Selbstmord als einziges ihm noch verbleibendes Heilmittel: »Der Tod heilt nicht nur eine Krankheit, sondern er heilt alle Leiden«, schreibt Montaigne. »Die Heilung von Krankheiten«, so spinnt er diesen Gedanken dann etwas weiter aus, »geht gewöhnlich auf Kosten des Lebens vor sich: wir müssen Schneiden und Ausbrennen der Wunden, Amputationen von Gliedern, Entziehung von Nahrung und Abzapfen von Blut uns gefallen lassen; der Eingriff braucht nur einen Schritt weiter zu gehen, dann sind wir ganz geheilt«[75]. Auf diese Weise erhält der Tod, insbesondere der Freitod, bei Montaigne einen ausgesprochen attraktiven Charakter: Nicht nur braucht uns der Gedanke an den Tod nicht zu schrecken – ein Motiv, das Montaigne von den Stoikern und von Epikur her bekannt gewesen sein dürfte –, mehr noch, in vielen Situationen, mit denen uns das Leben konfrontiert, ist er geradezu erstrebenswert.

Aber der Selbstmord kommt bei Montaigne nicht nur als ultima ratio der endgültigen Leidensbeseitigung in den Blick. Manchen Menschen, so hebt er hervor, erscheint der Freitod deshalb wünschenswert, weil sie sich dadurch den Gewinn eines größeren Gutes, als es das irdische Leben ist, erhoffen. »Ich habe Lust abzuscheiden, um bei Jesus Christus zu sein«, heißt es beispielsweise im Paulusbrief an die Philipper 1, 23.[76] Und Cleombrotus aus Ambracia, ein Schüler des Sokrates, sehnte sich, nachdem er Platons *Phaidon* gelesen hatte, so sehr nach dem zukünftigen Leben, daß er sich ohne weiteres ins Meer stürzte. Ein anderes Beispiel für diesen Sachverhalt bietet für Montaigne Jacques du Castel, Bischof von Soissons: »Er nahm am Kreuzzug des heiligen Ludwig teil; als er sah, daß der König und das ganze Heer nach Frankreich zurückfahren wollten, ohne daß das religiöse Ziel erreicht war, faßte er den Entschluß, unmittelbarer in das Paradies einzugehen; er nahm Abschied von seinen Freunden und stürzte sich, vor aller Augen, allein in das Meer der Feinde, wo er niedergehauen wurde«[77]. Solche Aktionen führen für Montaigne eindringlich vor Augen, daß die Etikettierung der freiwilligen Loslösung vom Leben als »Verzweiflung« längst nicht die ganze Spannbreite von Motivlagen abdeckt, die Menschen zum Freitod veranlassen können. Wie die angeführten Beispiele belegen, werden manche Menschen durch eine »glühende Sehnsucht«, andere aufgrund eines »ruhigen, klaren Urteils« zur Aufgabe des eigenen Lebens veranlaßt.[78]

Montaigne ist sich sehr wohl bewußt, daß er mit seinem Plädoyer für den frei gewählten Tod einen Standpunkt einnimmt, der dem der Sittlichkeitsfanatiker genau entgegengesetzt ist. In dem erwähnten Essay über eine Sitte auf der Insel Keos zeichnet er selbst in großen Zügen die Positionen nach, in denen sich eine von seiner Sichtweise verschiedene Einstellung bekundet. Viele Menschen glauben, so schreibt er dabei unter eindeutiger Bezugnahme auf die einschlägige Stelle in Platons *Phaidon* – freilich ohne Platon mit Namen zu nennen –, daß wir unseren Posten in der Welt nicht verlassen dürfen ohne den ausdrücklichen Befehl des Herrn, der ihn uns angewiesen hat. Und er verweist auf die Anordnung, die Platon in seinem Gesetzeswerk getroffen hat, der zufolge demjenigen Menschen ein ehrliches Begräbnis zu verweigern ist, der sich selbst getötet hat, ohne dazu gezwungen worden zu sein durch ein staatliches Urteil, durch ein tragisches, ausweglosen Unglück oder durch eine untragbare Schande, »sondern nur aus feiger Schwäche einer furchtsamen Seele«[79]. Andere meinen – und hier dürften wohl Ausführungen des Aristoteles und des Augustinus im Hintergrund stehen –, wir seien nicht für uns allein geboren, sondern auch für unser Land. Infolgedessen seien wir den Gesetzen dieses Landes gegenüber verantwortlich, und diese könnten uns wegen Mordes an uns selbst belangen. Wiederum andere könnten die Auffassung vertreten, die Ansicht, unser Leben sei wertlos, sei lächerlich, denn unser Leben ist doch unser Wesen, folglich unser Alles. Daher könne nichts so schlimm sein, daß es sich lohnte, den Tod zu suchen, um dies Schlimmere zu vermeiden. (Nebenbei bemerkt: Diesen Einwurf könnte man durchaus als Vorwegnahme der Position Thomas Hobbes' lesen, für den die Natur des Menschen wesentlich in dem Streben nach Selbsterhaltung besteht.) Und jemand wie Augustinus – auch hier nennt Montaigne zwar keinen Namen, doch die Skizzierung der Position ist eindeutig – könnte, bei aller Verwerfung des Selbstmords als höchst unsittlichem Akt, als Ausnahme eventuell die Fälle von keuschen, frommen Frauen gelten lassen, die den Tod zu Hilfe riefen als Schutz gegen Notzucht und Vergewaltigung.

Was vornehmlich dieses letzte Selbstmordmotiv betrifft, so hat Montaigne darauf hingewiesen, ein zeitgenössischer Gelehrter habe sich der Mühe unterzogen, die Damen seiner Zeit davon zu überzeugen, daß es besser sei, jeden anderen Ausweg zu suchen als so einen verzweifelten Entschluß zu fassen. Und Montaigne fügt mit feiner Ironie hinzu: »ich bedaure sehr, daß er das treffende Wort einer Frau, die von Soldaten mißbraucht worden war, nicht kannte und es infolgedessen auch nicht anbringen konnte (ich habe es in Toulouse gehört): ›Gott sei gedankt, daß ich mich einmal richtig dem Genuß hingeben konnte, ohne zu sündigen!‹«. Und dem fügt Montaigne dann noch an: »Die grausigen Entschlüsse passen doch auch wirklich nicht zur französischen Anmut«[80].

Im einzelnen hat sich Montaigne mit all den angeführten Positionen nicht auseinandergesetzt. Aber er
hat ein Argument formuliert, das auf sie alle gleichermaßen anwendbar ist – nämlich das folgende: »Wie
ich, wenn ich meine eigenen Sachen fortschleppe und
mir meinen eigenen Beutel abschneide, nicht die
Gesetze gegen die Diebe übertrete, und wie ich kein
Brandstifter bin, wenn ich Holz, das mir gehört,
anstecke; ebenso wenig verstoße ich gegen die Mord-
gesetze, wenn ich mir selbst das Leben nehme«[81]. Und
zur Bekräftigung verweist er auf die Ansicht des Philosophen Hegesias von Kyrene, der um 300 v. Chr. lebte:
So wie wir selbst bestimmen, wie wir unser Leben ein-
richten, so muß es auch von unserer Entscheidung
abhängen, wie wir sterben wollen. Und um noch
einmal mit aller Deutlichkeit klarzustellen, daß für ihn
der Vorwurf, der Selbstmord sei ein mit Verachtung
zu strafendes Sich-aus-der-Verantwortung-Stehlen,
völlig am Kern der Sache vorbeigeht, gibt er den
Bericht des Sextus Pompeius über ein Ereignis auf der
Insel Keos wieder, bei dem dieser zugegen war. Eine
sehr angesehene, neunzigjährige Frau hatte den Entschluß gefaßt, ihrem Leben ein Ende zu setzen und
hatte Pompeius gebeten, bei ihrem Tod anwesend zu
sein, um ihn dadurch weihevoller zu machen. Und
nun kommt das Entscheidende: Diese Frau wollte
keineswegs aus Überdruß oder weil ihr das Leben zur
Last geworden wäre, aus dem Leben scheiden. Nein,
geistig wie körperlich hatte sie ein sehr glückliches
Leben geführt; und sie wollte nun, im vollen Bewußtsein des genossenen Glücks, abtreten. »Mir hat das
Schicksal«, so hat sie Pompeius anvertraut, »immer
ein freundliches Gesicht gezeigt; ich fürchte, daß dies

anders werden könnte, wenn ich zu sehr am Leben hinge; deshalb soll nun auch der Abschied von den Resten meiner Seele ein glückliches Ende sein«[82]. Ein freiwilliger Tod also, der motiviert ist durch die Einsicht, daß es über das bisher gelebte Glück hinaus keine Steigerung des Glücksempfindens mehr geben kann. Ein Tod, der mit Freude erwartet wird, weil ein Sich-Anklammern an das Leben die Gefahr mit sich bringt, daß sich die Glücksbilanz am Ende doch noch zum Negativen hin verändern könnte. Ein solcher Tod ist für Montaigne nicht nur ein *schöner* Tod. In ihm dokumentiert sich für ihn zudem der Gipfel an Freiheit, der einem Menschen zu erreichen möglich ist.

III

Neuzeitliche Differenzierungen:
Pro und Contra

1. Die Theoretiker der Selbsterhaltung:
Thomas Hobbes, John Locke, Jean-Jacques Rousseau,
Baruch de Spinoza

1651 erschien in London ein Buch mit dem nicht
gerade reißerisch klingenden Titel *Leviathan oder
Stoff, Form und Gewalt eines bürgerlichen und kirch-
lichen Staates.* Sein Autor war Thomas Hobbes, 1588
in der englischen Grafschaft Wiltshire geboren, seit
1640 im Exil in Frankreich lebend, wohin er aufgrund
der Anfeindungen gegen seine Schrift *Elements of
Law* geflohen war. Das Erscheinen des *Leviathan*
veränderte die Lebensumstände seines Autors erneut:
Aufgrund der wachsenden Antipathien im katholi-
schen Frankreich sah sich Hobbes gezwungen, sein
elfjähriges Exil, in dem er sich einigermaßen gut eingerichtet zu haben scheint, abrupt zu beenden. Hobbes
geht zurück nach England, das nach der Hinrichtung
Karls I. im Jahre 1649 Republik geworden war. Bevor
er jedoch wieder einreisen durfte, mußte er sich Oliver

Cromwell, dem neuen starken Mann auf englischem Boden, in aller Form unterwerfen. Auch das nahm Hobbes in Kauf. Höchstwahrscheinlich orientierte er sich dabei an der Maxime, die im Zentrum der naturalistischen Anthropologie steht, die er im *Leviathan* entwickelt hatte: nämlich daß das erste und oberste Gesetz der Natur den Menschen auf seine Selbsterhaltung, auf die Erhaltung und Verteidigung des eigenen Lebens, verpflichtet.

Im *Leviathan* macht Hobbes ernst mit der Ansicht, der Mensch sei ein natürliches, ein naturhaftes Wesen. Denn das heißt für Hobbes: Der Mensch ist ein von Leidenschaften getriebenes und beherrschtes, auf Machtgewinn und Machtsteigerung versessenes, ein die anderen Menschen als Mittel zu seinen egoistischen Zwecken benutzendes Wesen. Ergänzt man diese Perspektive um den Aspekt der Ressourcenknappheit, den Hobbes in die Diskussion wirft, dann liegt es auf der Hand, daß der viel zitierte Kampf aller gegen alle die notwendige Konsequenz sein wird. Der Mensch ist dem Menschen ein Wolf – so lautet denn die populäre Formel, mit der Hobbes die Situation des Menschen in einem vorgesellschaftlichen Zustand, dem sogenannten Naturzustand beschreibt. Der Mensch als Naturwesen: das bedeutet ständige Furcht und Gefahr eines gewaltsamen Todes. Oder, wie Hobbes selbst es einmal unübertrefflich prägnant ausdrückt: »Das menschliche Leben ist einsam, armselig, ekelhaft, tierisch und kurz«[83].

Kein Wunder also, daß Hobbes den Selbsterhaltungstrieb in die Mitte seiner Lehre vom Menschen plaziert. In seinem dreiteiligen Werk *Elemente der Philosophie*, dessen zweiter Teil – *De Homine* – vom

Menschen handelt und der bereits in den Jahren nach 1637 konzipiert, aber erst 1658 veröffentlicht wurde, räumt Hobbes der Selbsterhaltung den Rang eines summum bonum, des höchsten Guts, ein: »Das höchste Gut ist für jeden die Selbsterhaltung. Denn die Natur hat es so eingerichtet, daß alle ihr eigenes Bestes wünschen. Um das erlangen zu können, müssen sie Leben und Gesundheit wünschen und für beide, soweit es möglich ist, Gewähr für die Zukunft«[84]. Die Selbsterhaltung auch für die Zukunft sichern, das schließt nach Hobbes im Naturzustand ein: vorbeugend tätig werden. Und zwar so, daß man versucht, jeden anderen, von dem eventuell eine Gefahr für die eigene Selbsterhaltung ausgehen könnte, mit Gewalt oder List zu unterwerfen. Eine bloße Verteidigung des eigenen Lebens gegen Angriffe von seiten anderer erachtet Hobbes als nicht ausreichend. Wohl könnte man, meint er, den Standpunkt vertreten, ein Mensch möchte innerhalb bescheidener Grenzen ein behagliches Leben führen und er gehe davon aus, er könne sich dies sichern durch bloße Verteidigung gegen die Eroberungs- und Angriffsversuche anderer. Hobbes hält dem aber entgegen, ein solcher Mensch könne sich unmöglich lange halten, wenn er nicht selbst durch Angriffe seinerseits seine Macht vermehre. Von daher ist die Selbsterhaltung für ihn untrennbar verbunden mit der Vermehrung der Herrschaft über andere Menschen. Solche Versuche, andere im Interesse der eigenen Selbsterhaltung zu unterwerfen, sind nach Hobbes dem noch nicht vergesellschafteten Menschen allgemein erlaubt.[85] Im Naturzustand hat demnach jeder das *natürliche Recht*, »seine eigene Macht nach seinem Willen zur Erhaltung seiner eigenen

Natur, das heißt seines eigenen Lebens, einzusetzen und folglich alles zu tun, was er nach eigenem Urteil und eigener Vernunft als das zu diesem Zweck geeignetste Mittel ansieht«. Vom natürlichen Recht – dem *jus naturale* – grenzt Hobbes das *Gesetz der Natur* – die *lex naturalis* – ab. Er versteht darunter »eine von der Vernunft ermittelte Vorschrift oder allgemeine Regel, nach der es einem Menschen verboten ist, das zu tun, was sein Leben vernichten oder ihn der Mittel zu seiner Erhaltung berauben kann, und das zu unterlassen, wodurch es seiner Meinung nach am besten erhalten werden kann«[86].

Die Sachlage stellt sich damit wie folgt dar. Als den ersten, ursprünglichsten Trieb, der menschliches Verhalten steuert, setzt Hobbes den Selbsterhaltungstrieb an. Er ist der erste und ursprünglichste Trieb, weil er seinerseits nicht wieder auf einen anderen, vielleicht noch fundamentaleren Trieb zurückgeführt werden kann. Die menschliche Natur ist wesentlich Streben nach Selbsterhaltung. Von daher kann Hobbes der Selbsterhaltung den Status einer Naturnotwendigkeit zusprechen.[87] Und weil das so ist, hat der Mensch in seinen Augen nicht nur das natürliche Recht, alles zu tun, was ihm im Licht seines Strebens, sich selbst zu erhalten, geboten erscheint. Mehr noch, er untersteht gleichsam dem »Vernunftgebot« der Erhaltung seiner selbst. Hobbes' Argumentation läuft also so: Weil der Mensch von Natur aus ein Wesen ist, das allem zuvor auf Selbsterhaltung hin angelegt ist, ist die oberste Vorschrift oder Regel für sein Verhalten die, alles zu tun, um diese Selbsterhaltung jetzt und in Zukunft zu sichern.

Es ist klar, daß für Hobbes aus dieser Perspektive gesehen der Selbstmord ein Unding ist. Denn derjenige, der seinem Leben freiwillig ein Ende setzt, arbeitet nicht nur seiner eigenen Natur entgegen – er verstößt zudem gegen das grundlegende Vernunftgebot, unter dem all sein Handeln steht: nämlich all solche Handlungen zu unterlassen, die in irgendeiner Weise die Selbsterhaltung gefährden können.

Hobbes thematisiert zwar nicht ausdrücklich das Problem des Selbstmords. Aber aufgrund der bisherigen Ausführungen dürfte einiges für die Annahme sprechen, daß in dem obersten Gebot der Vernunft, das er aufgestellt hat, ein Verbot des Selbstmords impliziert ist. Es gibt eine Stelle in seiner Schrift über den Menschen, wo er dem Problem so nahe kommt, daß man erwartet, nun müßte der Begriff doch eigentlich fallen. Aber das tut er dann doch nicht. Im Anschluß an die Ineinssetzung des für den Menschen höchsten Guts mit der Selbsterhaltung schreibt Hobbes nämlich: »Auf der anderen Seite steht unter allen Übeln an erster Stelle der Tod; besonders schlimm ist der Tod unter Qualen; am schlimmsten die Leiden des Lebens, die sogar so groß werden können, daß sie, wenn nicht ihr nahes Ende abzusehen ist, uns den Tod als ein Gut erscheinen lassen«[88]. Hier hätte es nahe-gelegen, das damit in den Blick kommende Problem des Freitods etwas näher zu betrachten. Aber Hobbes versagt sich das durchaus. Der Grund dürfte wohl darin liegen, daß sich von seinen anthropologischen Grundannahmen her der Selbstmord als ein ebenso naturwidriger wie irrationaler Akt erweist. Naturwidrig, weil er der auf Selbsterhaltung ausgerichteten Natur des Menschen diametral entgegensteht. Und irrational, weil er das oberste Gebot der Vernunft, unter dem alles menschliche Handeln nach Hobbes steht, in nicht wieder gutzumachender Weise verletzt.

Außerdem müßte sich für Hobbes mit dem Thema Freitod zugleich das Problem der Willensfreiheit stellen. Dem weicht er indessen aus. Denn für Hobbes kann es bestenfalls Wahlfreiheit – nämlich hinsichtlich der Mittel zur Selbsterhaltung –, nicht aber Freiheit von der oder zur Selbsterhaltung geben. Eine so verstandene Freiheit hat in Hobbes' Anthropologie des Affekt-Determinismus keinen Platz, ist diesem Menschenbild zufolge doch das Verhalten des Menschen durch die Affekte kausal determiniert.

Auf diese Weise folgt bei Hobbes aus der Theorie der Selbsterhaltung eine implizite Ablehnung freiwilliger Selbsttötung. Mit der Selbsterhaltung hat Hobbes ein Konzept in die neuzeitliche Philosophie eingeführt, das seitdem aus Ethik und praktischer Philosophie nicht mehr wegzudenken ist. Das hat Folgen auch für die nachfolgende Diskussion der Problematik des Selbstmords. Deutlich wird das zum Beispiel bei John Locke (1632-1704) und Jean-Jacques Rousseau (1712-1778), besonders aber bei Baruch de Spinoza (1632-1677).

Sehen wir uns zuerst die Positionen Lockes und Rousseaus an. Lockes Ausführungen sind, was unser Thema angeht, nicht sonderlich ergiebig. Immerhin wird aber soviel deutlich, daß auch bei ihm – ähnlich wie bei Hobbes – das Problem des Selbstmords als solches gar nicht in den Blick gerät. In seiner zweiten Abhandlung über die Regierung – 1690 anonym publiziert –, in der er auf den Naturzustand zu sprechen kommt, verweist Locke lediglich darauf, jeder sei verpflichtet, sich selbst zu erhalten und seine Selbsterhaltung nicht zu gefährden. Und weil dem so sei, dürfe niemand seinen Platz freiwillig verlassen.[89] Also auch seine Strategie ist die, aus der Verpflichtung, sich selbst zu erhalten, ein Verbot des freiwilligen Aus-dem-Leben-Scheidens abzuleiten.

Während Locke es bei dieser doch sehr lapidaren Feststellung belassen hat, hat Rousseau die Diskussion um eine interessante neue Facette bereichert. Zwar folgt auch er der Linie, die Hobbes vorgezeichnet hat mit seiner Theorie von der Selbsterhaltung als dem ersten Gebot, das der Mensch als ein natürliches Wesen zu befolgen hat; aber an einer entscheidenden Stelle biegt er dann doch von ihr ab. Wenn Rousseau in seinem Werk über den Gesellschaftsvertrag bei-spielsweise schreibt, das erste Gesetz der Natur des Menschen sei es, über seine Selbsterhaltung zu wachen, und seine ersten Sorgen seien diejenigen, die ihm selbst gelten,[90] dann hätte das genau so auch schon bei Hobbes stehen können. Überhaupt können fast all die Stellen, an denen Rousseau sich zum Thema Selbsterhaltung äußert, als später Reflex der Thesen jenes Autors gelesen werden. So beispielsweise seine Formulierung im zweiten *Discours*, der berühm-ten, 1755 erschienenen *Abhandlung über den Ur-sprung und die Grundlagen der Ungleichheit unter den Menschen*: »das erste Gefühl des Menschen war das seiner Existenz, seine erste Sorge die um seine Erhaltung«[91]. Oder das Fragment 4 aus den Notizen, die die Niederschrift dieser Abhandlung vorbereiteten: »Die Pflichten des Menschen im Naturzustand sind stets der Sorge um seine eigene Erhaltung untergeord-net, welche die erste und die stärkste von allen ist«[92].

Belassen wir es bei diesen Belegen; weitere ließen sich problemlos anfügen.

Bedeutsamer jedoch als das Faktum, daß Rousseau sich in puncto Selbsterhaltung ganz im Hobbesschen Sinn äußert, ist, daß er in die bisherige Diskussion einen Aspekt einbringt, der sie in eine andere Richtung drängt. Rousseau sieht, es gibt immer wieder Menschen, die sich selbst töten. Und er fragt sich, warum sie das tun. Generell läßt sich das für ihn auf den Nenner bringen: weil sie mit ihrer Existenz in der einen oder anderen Weise nicht zufrieden sind, weil ihnen ihr Leben zur unerträglichen Last geworden ist. Das aber nun, meint Rousseau, ist ganz entschieden eine Folge des Sachverhalts, daß die Menschen aus dem Naturzustand herausgetreten und sich zu Gesellschaften zusammengeschlossen haben. Nehmen wir die entscheidende Stelle aus der *Abhandlung über die Ungleichheit* in ihrem vollen Wortlaut zur Kenntnis! »Nun, ich hätte gerne«, schreibt Rousseau, »daß man mir erklärte, welcher Art das Elend eines freien Wesens sein kann, dessen Herz in Frieden und dessen Körper gesund ist. Ich frage, welches, das bürgerliche oder das natürliche Leben am meisten der Gefahr ausgesetzt ist, denen unerträglich zu werden, die es genießen. Wir sehen um uns her fast nur Leute, die sich über ihre Existenz beklagen; manche sogar, die sich ihrer berauben, soweit dies bei ihnen steht, und die Verbindung von göttlichem und menschlichem Gesetz reicht kaum hin, dieser Unordnung Einhalt zu gebieten. Ich frage, ob man jemals hat sagen hören, daß ein Wilder in Freiheit auch nur daran gedacht hätte, sich über das Leben zu beklagen und sich den Tod zu geben. Man urteile also mit weniger Hochmut, auf welcher Seite das wahrhafte Elend ist«[93]. Dieser Aussage nach erweist sich der Selbstmord als ein Phänomen, das nach Rousseau nur im vergesellschafteten, nicht hingegen im Naturzustand auftritt. Und das wiederum hängt gemäß der Konzeption, die Rousseau hinsichtlich der ursprünglich-natürlichen Verfaßtheit des Menschen entwickelt hat, ganz entscheidend damit zusammen, daß der Mensch im Naturzustand überhaupt keinen Grund hatte, sich über das Leben zu beklagen. Denn das würde er nach Rousseau nur dann, wenn er etwas entbehren würde. Aber der »Wilde«, wie Rousseau den Menschen im Naturzustand nennt, hat ja gar keine Bedürfnisse, die über das Physische hinausgehen. Und solche physischen Bedürfnisse können nach Einschätzung Rousseaus, der die Natur, anders als Hobbes, reichlich mit den entsprechenden Ressourcen ausgestattet sah, relativ leicht befriedigt werden. Damit aber ist gesagt: Wäre der Mensch im Naturzustand geblieben, dann würde sich, aus der Perspektive Rousseaus gesehen, das Problem des Selbstmords gar nicht stellen. Allein dadurch, daß die Menschen sich vergesellschafteten und den natürlichen gegen den bürgerlichen Zustand eintauschten, schafften sie selbst sich Lebensbedingungen, die ihnen das Dasein verleiden, so daß einigen von ihnen der Selbstmord als einziges Mittel erscheint, diesem Dasein entkommen zu können.

Eine etwas anders gelagerte Position hat Rousseau in dem später, nämlich 1762, veröffentlichten Werk *Emile oder über die Erziehung* vertreten. Auch dort wird der Tod wiederholt als das Heilmittel gegen die Leiden, mit denen unsere Existenz behaftet ist, begriffen. So heißt es in dem berühmten »Glaubensbekenntnis des savoyischen Vikars« im vierten Buch des *Emile* beispielsweise einmal: »Der Tod ist das Heilmittel für die Leiden, die ihr euch selbst zufügt; die Natur hat gewollt, daß ihr nicht immer leiden sollt«[94]. Und in dem Kapitel »Wahres Glück und Unglück« im zweiten Buch dieses Werks findet sich die bemerkenswerte Stelle: »Unsterblich wären wir sehr unglücklich. Es ist hart, sterben zu müssen, aber die Hoffnung, daß wir nicht ewig leben und ein besseres Leben die Leiden dieses Lebens beenden wird, ist süß. Böte man uns die Unsterblichkeit auf Erden an, wer würde dies traurige Geschenk annehmen. Welche Hilfe, welche Hoffnung und welcher Trost bliebe uns gegenüber den Schicksalsschlägen und den Ungerechtigkeiten der Menschen? Wer nichts voraussieht, kennt den Wert des Lebens nicht und hat keine Angst, es zu verlieren. Der Wissende sieht höhere Güter, die er dem Leben vorzieht. Nur Halb- und Afterwissenheit richten unseren Blick auf den Tod und nicht darüber hinaus, und machen aus ihm das schlimmste Übel. Sterben zu müssen, ist für den Weisen nur ein Grund, die Leiden des Lebens zu ertragen. Wären wir nicht sicher, es einmal zu verlieren, so wäre der Preis, es zu erhalten, zu hoch«[95]. Der Tod also als definitives Ende all unserer Leiden. Aber an dieser Stelle ist bei Rousseau keine Rede davon, daß man, um die Leiden des Lebens abzukürzen bzw. ein für alle Mal zu beenden, den Tod aktiv selbst herbeiführen soll. Rousseau sieht durchaus: Der Tod ist Erlösung von den als unerträglich empfundenen Qualen, die das Leben so mit sich bringt. Aber das Bewußtsein der Sterblichkeit ist in seinen Augen für den »Weisen« gerade ein Grund, sich in die Leiden des Lebens zu fügen – gewinnt dieser doch aus der Hoffnung auf ein Ende die Kraft, die gegenwärtigen Leiden zu ertragen.

So wird deutlich: Bei den bislang zur Sprache gebrachten Theoretikern der Selbsterhaltung gerät das Problem des Selbstmords allenfalls am Rand in den Blick. Und das ist natürlich nur konsequent, wenn man der Selbsterhaltung einen so zentralen Platz im Aufbau der physischen und psychischen Konstitution des Menschen zuweist und sie als das schlechthin oberste Gebot, dem der Mensch als Naturwesen Genüge zu tun hat, verstanden wissen will. Auf diesem Boden steht grundsätzlich auch Spinoza. Aber er geht drängender der Frage nach: Wenn dem Menschen allem zuvor so sehr an seiner Selbsterhaltung gelegen ist, wie ist dann das Phänomen des Freitods zu erklären?

In der Denktradition eines Thomas Hobbes' stehend, ist es für Spinoza fraglos, daß jedes Ding, soviel es selbst dazu beizutragen vermag, strebt, sich selbst zu erhalten, in seinem Sein zu beharren, wie Spinoza diesen Sachverhalt in einer mehr fachspezifischen Begrifflichkeit formuliert. Ja, er geht sogar so weit zu behaupten, das Streben, sich selbst zu erhalten, sei im letzten identisch mit der Wesenheit bzw. der Natur des Dinges selbst.[96] Auf den Menschen bezogen heißt das, die entscheidende Funktion unserer Seele besteht darin, die Existenz des Körpers zu bejahen. Vor diesem Hintergrund nimmt es dann nicht wunder, wenn Spinoza unter dem *Guten* das verstehen will, wovon wir sicher wissen, daß es uns *nützlich* ist – wobei der Hinweis entscheidend ist: nützlich im Hinblick auf unsere Selbsterhaltung. *Gut* ist demnach das, was der Selbsterhaltung nützt, was sie fördert. Und *schlecht* ist entsprechend das, was ihr zuwider ist, was, anders gesagt, die Kraft, sich zu erhalten, vermindert oder hemmt.[97]

Nun wird der Begriff des Guten traditionell mit dem der *Tugend* gekoppelt: eine in einem ethisch relevanten Sinn gute Handlung ist eine tugendhafte Handlung. Tugend beweist sich im guten Handeln. Auch für Spinoza besteht eine solche Verbindung. Vermutlich wird man hier stutzig werden. Denn wenn gesagt wurde, Spinoza begreife unter dem Guten das für unsere Selbsterhaltung Nützliche, und wenn nun behauptet wird, auch bei ihm sei das Gute mit der Tugend gekoppelt, so scheint daraus zu folgen, Tugend bewähre sich in einem Handeln, das versucht, die Selbsterhaltung zu sichern. So absonderlich dieser Schluß auf den ersten Blick vielleicht auch scheinen mag – denkt man doch bei Tugend in der Regel zunächst an hehrere Ziele und anders gelagerte Verhaltensweisen –, so ist genau dies ganz entschieden Spinozas Position. »Die erste und einzige Grundlage der Tugend«, kann man an verschiedenen Stellen seiner *Ethik* lesen, ist das Streben nach Selbsterhaltung,[98] nach Erhaltung des eigenen Seins.[99] »Je mehr einer danach strebt«, schreibt Spinoza, »und je mehr er dazu imstande ist, seinen Nutzen zu suchen, das heißt sein Sein zu erhalten, desto mehr ist er mit Tugend begabt; und umgekehrt, sofern einer seinen Nutzen, das heißt sein Sein zu unterhalten unterläßt, sofern ist er ohnmächtig«[100]. Und auch hier setzt unser Denker noch eins drauf. Das Glück des Menschen nämlich, so sagt er, besteht in eben nichts anderem, als daß er sein Sein zu erhalten vermag.[101]

Hier ist nicht der Ort, Spinozas Vorstellungen vom Glück des Menschen eingehend zu würdigen. Doch

70

dürfte man allein schon dem bislang Gesagten entnehmen können, daß man es bei Spinoza wohl mit
einem einigermaßen reduzierten Glücksbegriff zu tun
hat. Aber wie dem auch sei, hier soll der Blick nun auf
Spinozas Einstellung zum Phänomen des Freitods
gelenkt werden. Und diesbezüglich legt bereits das
Bisherige die Annahme nahe, daß der Freitod als eine
Handlung, die dem Streben nach Selbsterhaltung ein
unwiderrufliches Ende setzt, gemäß dem Ansatz
Spinozas eine Verhaltensweise darstellt, die zweifels-
frei zur Kategorie des nicht-tugendhaften, also auch
nicht-guten Handelns gehört. Dem würde Spinoza
sicher zustimmen. Aber er ist weit davon entfernt, den
Selbstmord einfach als nicht-tugendhaftes Handeln
abzustempeln und damit zugleich als ethisch verwerfliche Tat anzuprangern. Um seine Stellung zum
Selbstmord angemessen nachvollziehen zu können,
muß eine weitere Gedankenlinie in die Betrachtung
einbezogen werden. Wichtig nämlich ist sein Hinweis,
jedes »Ding« – und diese Bezeichnung begreift auch
den Menschen ein – strebe, sich in seinem Sein zu
erhalten, *soviel an ihm selbst liegt*. Er will damit darauf hinaus, daß die Kraft, mit der der Mensch im
Dasein beharrt, *beschränkt* ist und von der Kraft
äußerer Ursachen »unendlich übertroffen« wird, wie
Spinoza sich ausdrückt.[102] Hiermit wird dann klar:
Der Selbstmord ist für Spinoza eine Tat, die aus der
Kategorie der Tugend nicht nur herausfällt, sondern
tugendhaftem Handeln – verstanden als ein die
Selbsterhaltung sicherndes Handeln – geradezu kon-
tradiktorisch entgegengesetzt ist: Zwischen Tugend im
Sinne Spinozas und Selbstmord gibt es kein Mittleres;
beide schließen einander grundsätzlich aus.

Im Grunde bestätigt der Selbstmörder mit seiner Tat gerade die Ansicht Spinozas, die Kraft, uns im Sein zu erhalten, sei durchaus beschränkt. Beim Selbstmörder sind ja die äußeren Ursachen so stark geworden, daß sie die auf die Selbsterhaltung gerichtete Kraft um einiges überwiegen. Ihnen gegenüber ist er schlicht ohnmächtig, wie Spinoza wiederholt sagt.[103] Niemand, so kann er daher seine Ansicht zusammenfassen, nimmt sich das Leben infolge der Notwendigkeit seiner Natur – denn die ist ja gerade auf die Erhaltung des Betreffenden aus –, sondern einzig aus dem Grund, daß äußere Ursachen ihn dazu zwingen.

An welche äußeren Ursachen hätte man hierbei denn nun zu denken? Spinoza meint, es ließen sich vielerlei Ursachen namhaft machen. Als Beispiele führt er an: »der eine tötet sich selbst, weil ihn ein anderer dazu zwingt, indem er ihm die Rechte, mit der er zufällig ein Schwert gefaßt hält, umdreht und ihn zwingt, die Schärfe wider das eigene Herz zu richten; der andere, weil er, wie Seneca, durch den Befehl eines Tyrannen gezwungen wird, sich die Adern zu öffnen, das heißt, weil er ein größeres Übel durch ein geringeres zu vermeiden begehrt; ein dritter endlich, weil verborgene äußere Ursachen sein Vorstellungsvermögen derart beeinflussen und den Körper derart affizieren, daß dieser eine andere der früheren entgegengesetzte Natur annimmt, von der es in der Seele keine Idee geben kann«[104]. Bei den zwei ersten Ursachen, die Spinoza anführt, dürfte es sich wohl um relativ selten auftretende Fälle von Selbstmord handeln. Eine größere veranschaulichende Kraft kommt der dritten Ursache zu, die Spinoza nennt. Unter sie dürfte wohl die überwiegende Mehrzahl der Gründe, warum jemand freiwillig aus dem Leben scheidet, zu subsumieren sein: Äußere Ursachen wirken derart beeinflussend auf das Vorstellungsvermögen und das Gemüt eines Menschen ein, daß das Streben, den Körper existent zu erhalten, in zunehmendem Maße abgeschwächt und letztendlich stillgestellt wird.

Mit all dem zeigt sich: Der Selbstmörder vergeht sich geradezu an seiner eigenen Natur, ist diese doch auf Selbsterhaltung ausgerichtet. Aber Spinoza verkennt nicht, daß die Kraft, die uns am Leben erhält, begrenzt ist und von ihr entgegengesetzten Kräften unter Umständen überwogen werden kann. So handelt derjenige, der sich selbst tötet, zwar gegen seine eigene Natur, aber es scheint, als brächte Spinoza doch ein gewisses Maß an Verständnis für eine solche Tat auf – möglicherweise, weil er die psychischen Befindlichkeiten der Menschen nur zu gut kennt (was im übrigen seine im dritten und vierten Teil der *Ethik* entwickelte Affektenlehre eindrucksvoll vor Augen führt). Daher rührt es vielleicht auch, daß er den Selbstmord nicht einfach als eine verdammenswürdige Tat verwirft. Zwar ist für ihn der Selbstmord eine Handlung, die der Tugend diametral entgegensteht; aber da man es bei Spinoza mit einem Tugendbegriff zu tun hat, der, wenn man so will, naturalistisch gewendet ist, ist der Selbstmord auch nur insofern als ethisch verwerflich zu betrachten, als er das oberste Gebot, unter dem ein naturhaftes Wesen steht – nämlich in erster Linie für seine Selbsterhaltung Sorge zu tragen – verletzt. Kein billiges Moralisieren also findet man bei Spinoza. Statt dessen begegnet man bei ihm einer Sichtweise, die, in dem neuzeitlich formulierten

Gedanken von der Selbsterhaltung als dem ersten und ursprünglichsten Trieb eines lebenden Wesens wurzelnd, die Sorge für die Selbsterhaltung in den Rang einer höchsten Tugend erhebt und von da aus den Selbstmord als ein nicht-tugendhaftes, schlechtes Handeln beschreibt. In diesem Sinn – aber auch nur in diesem – ist der Selbstmord für Spinoza ethisch nicht in Ordnung.

2. Ruf der Natur und Verbrechen gegen die Gesellschaft: Denis Diderot

Denis Diderot – mit diesem Namen verbindet man wohl unwillkürlich die *Enzyklopädie*, jenes gigantische Unternehmen – 1751 von Diderot und d'Alembert mit der Veröffentlichung des ersten Bandes in die Wege geleitet und 1780 nach Überwindung fast unvorstellbarer Schwierigkeiten endlich abgeschlossen –, den neuesten Stand der Philosophie, der Wissenschaften und der Künste zu dokumentieren und einem interessierten Publikum nahezubringen. Obwohl Diderot und seinen Mitstreitern immer wieder nur alle erdenklichen Hindernisse in den Weg gelegt wurden – Verhaftungen, Verhöre, Beschlagnahme von Manuskripten und Arbeitsunterlagen, Konflikte mit der Zensurbehörde, heftige Angriffe von klerikaler, insbesondere jesuitischer Seite –, verbreitete sich die *Enzyklopädie* in Windeseile in ganz Europa – und darüber hinaus: erschien sie doch selbst in Rußland, wo sie sogar einmal nachgedruckt wurde. Und mit ihr verbreitete sich, wie Will und Ariel Durant es ausdrücken, »das Evangelium der Vernunft anstelle einer Mythologie, des Wissens anstelle des Dogmas, des Fortschritts durch Erziehung anstelle einer resignierten Betrachtung des Todes«. Die *Enzyklopädie* »befruchtete ganz Europa, rüttelte an den Traditionen, regte den Geist an und schürte den Aufstand. Die *Enzyklopädie* war die Revolution vor der Revolution«[105].

Erwartet man nach diesem Vorspann nun, Diderot nehme auch hinsichtlich des Selbstmords eine unorthodoxe, undogmatische, möglicherweise wegweisende Position ein, so dürfte man einigermaßen enttäuscht werden: was er über den Selbstmord zu sagen hat, ist alles andere als revolutionär. Das heißt nun nicht, wir würden hier wieder einem Sittlichkeitsfanatiker vom Schlage eines Augustinus oder Thomas von Aquin begegnen. Das zu sein, davon ist Diderot nun wahrlich weit entfernt. Was man bei ihm findet, ist eine eigenartige Kombination des für die neuzeitliche Diskussion um den Selbstmord charakteristischen Arguments, das Gesetz der Natur gebiete uns die Selbsterhaltung, mit der Ansicht, der Selbstmörder verstoße gegen den Pakt, den jeder einzelne mit der Gesellschaft geschlossen habe.

Dargelegt hat Diderot seine Auffassung vornehmlich in dem Artikel »Conservation« – also »Erhaltung« – im zweiten Band der *Enzyklopädie*, der 1752 erschien. Als Ausgangspunkt dient ihm die Feststellung: »Das Gesetz der *Erhaltung* ist eines der Hauptgesetze der Natur; es verhält sich zu den anderen Gesetzen wie die Existenz zu den anderen Eigenschaften. Hört die Existenz auf, so hören alle anderen Eigenschaften auf; wird das Gesetz der *Erhaltung* übertreten, so wird die Grundlage der anderen Gesetze erschüttert«[106]. Es ist klar, daß er damit in der

Tradition eines Hobbes, Spinoza und Locke steht. Und folglich leitet er ebenso wie diese aus dem Gesetz der Selbsterhaltung die Nicht-Erlaubtheit des Selbstmords ab: »Sich selbst auf irgendeine beliebige Weise vernichten, heißt sich des Selbstmords schuldig machen. Man muß so lange wie möglich existieren«[107]. Aber nun kommt das Eigentümliche des Diderotschen Ansatzes: Man muß so lange wie möglich existieren – nämlich, wie Diderot das nun weiter ausführt, »für sich, für seine Freunde, für seine Verwandten, für die Gesellschaft, für die Menschheit«. Für ihn liegt auf der Hand: »Wer gegen das Gesetz der *Erhaltung* verstößt, tritt diese Beziehungen mit Füßen«. Wer sich umbringt, gibt damit unmißverständlich zu verstehen: »Ich will nicht mehr dein Vater, dein Bruder, dein Gatte, dein Freund, dein Sohn, dein Mitbürger, dein Mitmensch sein«[108].

So, wie Diderot in diesem Artikel die Sache darlegt, sind wir einige dieser Verhältnisse *freiwillig* eingegangen – *einige*, weil es natürlich nicht in unserer Hand liegt, daß wir Bruder, Vater oder Sohn sind. Aber ob wir Gatte, Freund, Mitbürger, Mitmensch sind: das hingegen ist alles unserer freien Entscheidung anheimgestellt. Sind wir nun in solche Beziehungen zu anderen getreten, dann haben wir aus Diderots Sicht mit ihnen einen Vertrag geschlossen. Verträge aber beinhalten – auch für Diderot – eine wechselseitige Ver- /NB···\ pflichtung. Folglich machen wir uns des Vertragsbruchs schuldig, wenn wir das eine oder andere der genannten Verhältnisse durch Selbstmord einseitig aufkündigen. Wollen wir solche Verhältnisse lösen, dann bedürfen wir der Zustimmung derer, mit denen wir den Pakt geschlossen haben. Setzen wir uns darüber einfach hinweg, dann begehen wir ein Unrecht gegen den, mit dem wir in einer entsprechenden Beziehung stehen. Auf unsere Rolle als Mitglied einer Gesellschaft übertragen heißt das: Ohne Zustimmung der Gesellschaft ist es uns nicht erlaubt, uns durch Selbstmord aus dieser Gesellschaft zu verabschieden. Darüber, wie eine solche Zustimmung in der prakti- schen Durchführung konkret aussehen könnte, schweigt sich Diderot leider aus. Ihm ist vor allem daran gelegen, grundsätzlich darzutun, daß der Selbstmord eine einseitige und daher ungerechte Auf- kündigung eines Vertragsverhältnisses und folglich ein »Verbrechen gegen die Gesellschaft« darstellt, wie er in seinem Seneca-Essay geschrieben hat.[109]

Natürlich verkennt Diderot bei all dem nicht, warum jemand durch Selbsttötung aus den eingegan- genen Beziehungen auszusteigen versucht: die Bedin- gungen des Vertrags sind dem Betreffenden einfach »lästig« geworden.[110] Aber eben das, meint Diderot, hätte man bereits bei Vertragsschluß voraussehen kön- nen. Und dann hätte man von vornherein von diesem Vertrag Abstand nehmen können. Zudem sollte man die Sache auch einmal aus der Perspektive der ande- ren Vertragspartei betrachten. Denn dann sieht die Lage so aus, daß auch wir möglicherweise anderen lästig werden können oder ihnen bereits lästig gewor- den sind. Aber lassen uns deswegen die anderen gleich im Stich? Diderot meint: nein. Aber das ist sicher recht blauäugig gedacht. Wäre er hier konsequent und ehrlich gewesen, dann hätte er einräumen müssen, daß auch die anderen uns nur allzu schnell und allzu oft im Stich lassen, wenn wir ihnen zur Last fallen. Aber um seine These vom Selbstmord als Verbrechen gegen die Gesellschaft zu retten, nimmt er diese Ungereimtheit in Kauf. Zwar räumt er ein, wenn jemand freiwillig Abschied vom Leben nehme, könne die Ungerechtigkeit, die er damit im Hinblick auf andere begeht, mehr oder weniger groß sein – aber eine Ungerechtigkeit sei es allemal.[111]

So gelangt Diderot abschließend dazu, geradezu einen *Imperativ* der Erhaltung zu formulieren: »Handle so, daß alle deine Handlungen auf deine *Selbsterhaltung* und auf die *Erhaltung* der anderen abzielen: das ist der Ruf der Natur; aber sei vor allem ein rechtschaffener Mensch. Es gibt keine Wahl zwischen der Existenz und der Tugend«[112]. Man sieht: Dieser Imperativ koppelt das Selbsterhaltungsgesetz der Natur mit der sich aus dem Vertragsgedanken ergebenden Verpflichtung, sich als gesellschaftliches Wesen zu erhalten und die Erhaltung anderer zu sichern. Diderot operiert damit offensichtlich auf zwei Ebenen. Zum einen folgert er aus dem Umstand, daß dem Menschen als *natürlichem* Wesen an nichts so sehr wie an der eigenen Erhaltung gelegen ist, die Ablehnung des Selbstmords. Aber das allein ist ihm offenbar zu wenig gewesen. Daher führt er außerdem eine zweite Perspektive ein. Diese rückt den Menschen als gesellschaftliches Wesen in den Blick. Der Mensch ist ein gesellschaftliches Wesen – das heißt für Diderot: er ist ein Wesen, das mit anderen Menschen in vielfältigen, wechselseitigen Beziehungen steht. Sie willkürlich, zum Beispiel durch freiwilliges Aus-dem-Leben-Scheiden, lösen, das geht aufgrund des Vertragscharakters solcher Verhältnisse nicht, ohne daß anderen ein Unrecht zugefügt wird. Durch diese Strategie, so scheint es, sucht sich Diderot doppelt abzusichern:

Sollte sich eines der beiden Argumente aufgrund gründlicher Überlegung als doch nicht so stichhaltig wie erhofft erweisen, hat man ja noch ein zweites zur Verfügung. Mißlich wird es dann, wenn sich gegen beide etwas vorbringen läßt. Und dazu kommt es, geistesgeschichtlich gesehen, in der Tat recht bald. Schon Diderots Zeitgenosse und Mitstreiter im Kampf gegen das Christentum, der Baron von Holbach, stellt Überlegungen an, die sowohl das Naturrechts-Argument als auch das Argument, das mit dem Vertragsgedanken operiert, aushebeln sollen. Schützenhilfe erhält er hierbei durch die scharfsinnigen Analysen David Humes.

3. Die Natur als letzte Instanz: Paul Thiry d'Holbach

Als ein Meilenstein in der Geschichte der antichristlichen Kampagnen in der zweiten Hälfte des 18. Jahrhunderts gilt ein Buch mit dem auf den ersten Blick eher harmlosen Titel *System der Natur oder von den Gesetzen der physischen und der moralischen Welt*. Will und Ariel Durant werten es als »den heftigsten Angriff auf das Christentum, der je im Rahmen eines einzelnen Buches erfolgt ist«[113]. Publiziert wurde es – in zwei umfangreichen Bänden – 1770, und sein Autor wandte allerlei Finten an, um seine Urheberschaft zu vertuschen. Angeblich war das Buch in London gedruckt worden, tatsächlich aber in Amsterdam. Als Verfasser bekannte sich ein gewisser »Monsieur Mirabaud«. Einen solchen hat es in der Tat gegeben, und zwar war er Sekretär der Académie française – nur war er, als das *System der Natur* erschien, bereits seit zehn Jahren tot. Und niemand hätte ihm zugetraut, ein Buch solchen Inhalts verfaßt zu haben. Einigen wenigen Eingeweihten indessen war der wahre Urheber dieser Schrift durchaus bekannt: handelte es sich bei ihm doch um den 1723 in Edesheim im Bistum Speyer geborenen Baron Paul Heinrich Dietrich von Holbach. Aufgrund einer väterlichen Erbschaft und eigener geschickter Geldanlagen hatte er es zu einem enormen Vermögen gebracht, das er nach seiner 1748 erfolgten Übersiedlung nach Paris zur Förderung der Wissenschaften und der Künste verwandte. Zudem unterhielt er einen Salon, in dem jeden Donnerstag und Sonntag die Crème des europäischen Atheismus zusammenkam: Diderot, Helvétius, d'Alembert, um nur einige zu nennen, waren gewissermaßen Stammgäste im Hause Holbach. Zeitweise gehörte auch Rousseau dazu; aber die geballte Ladung an Atheismus, die ihm hier begegnete, ließ ihn auf Distanz gehen. Und auch ausländische Gäste waren gern gesehen: so nahmen beispielsweise David Hume, Laurence Sterne, Benjamin Franklin, Joseph Priestley und Adam Smith während ihrer Aufenthalte in Paris an diesen regelmäßigen Zusammenkünften teil.

Holbach hatte allen Grund, Stillschweigen über die wahre Identität des Autors des *Systems der Natur* zu wahren, denn kaum war das Buch aus Holland eingeschmuggelt, fand es sofort großen Absatz, so daß sich, veranlaßt durch einen Aufruf der Versammlung der Geistlichkeit und auf Weisung Ludwigs XV., das Parlament von Paris zu einer Verurteilung des *Systems der Natur* und sechs weiterer Bücher antichristlichen Inhalts genötigt sah. In dieser Verurteilung werden diese Werke gebrandmarkt als »gottlos, lästerlich und aufrührerisch – geeignet, jede Vorstellung des Göttlichen zu zerstören, das Volk zum Aufstand gegen Religion und Regierung aufzuwiegeln, alle Prinzipien der öffentlichen Sicherheit und Sittlichkeit ins Wanken zu bringen und die Untertanen vom Gehorsam gegenüber ihrem Herrscher abzubringen«[114]. Bei dieser Verurteilung allein jedoch blieb es nicht; darüber hinaus nämlich wurde verfügt, die Bücher sollten verbrannt, ihre Verfasser verhaftet und empfindlich bestraft werden.

Was aber ist eigentlich das Aufreizende an dieser Schrift, das die Obrigkeit zu so drakonischen Maßnahmen greifen ließ? Nun, auf eine knappe Formel gebracht, lautet die Grundaussage von Holbachs Werk: Die Menschen könnten weit glücklicher sein als sie es tatsächlich sind, wenn sie sich nur von Priestern und Königen abwenden würden und sich statt dessen von Wissenschaftlern und Philosophen leiten ließen. »Versuchen wir also«, heißt es in diesem Sinne programmatisch im Vorwort des *Systems der Natur*, »die Nebel zu verscheuchen, die den Menschen daran hindern, mit sicherem Schritt auf seinem Lebensweg voranzuschreiten, flößen wir ihm Mut und Achtung vor seiner Vernunft ein; er lerne sein Wesen und seine legitimen Rechte erkennen; er frage die Erfahrung um Rat und verzichte auf die Vorurteile seiner Kindheit; er gründe seine Moral auf seine Natur, seine Bedürfnisse, seine wirklichen Vorteile, welche die Gesellschaft ihm gewährt; er wage es, sich selbst zu lieben; er arbeite für sein eigenes Glück, indem er dasjenige der anderen fördert; mit einem Wort: er sei vernünftig und tugendhaft, um hier auf dieser Erde glücklich zu sein, und beschäftige sich nicht mit gefährlichen oder unnützen Träumereien!«[115] Klar, daß das einiges an Sprengkraft mit sich führte – war doch damit nicht nur dem Christentum, sondern auch der absoluten Monarchie der Kampf angesagt! Das alles kann im einzelnen hier nicht weiter verfolgt werden. Ich beschränke mich daher auf eine Skizze der Grundgedanken Holbachs, soweit sie für seine Stellung zum Selbstmord relevant sind.

Holbach entwirft im *System der Natur* ein konsequent materialistisches Bild von der Welt. Schlechthin alles Vorhandene, meint er, könne zurückgeführt werden auf Materie und Bewegung. Das gilt auch vom Menschen. »Der Mensch«, so lautet seine Grundüberzeugung, »ist das Werk der Natur, er existiert in der Natur, er ist ihren Gesetzen unterworfen, er kann sich nicht von ihr freimachen, er kann nicht einmal durch das Denken von ihr loskommen; vergeblich strebt sein Geist über die Grenzen der sichtbaren Welt hinaus, immer ist er gezwungen, zu ihr zurückzukehren«[116]. Hinter die Natur zurückzugehen und im Menschen andere, die natürliche Existenz transzendierende Seinsschichten entdecken zu wollen, hält Holbach schlichtweg für unmöglich. »Der Mensch ist ein rein physisches Wesen«, so lautet sein Credo.[117] Diese Natur wirkt nach einfachen, einheitlichen und unveränderlichen Gesetzen, die wir durch die Erfahrung zu erkennen vermögen. Allein an sie müssen wir uns bei der Erforschung der Welt, aber auch bei der Erforschung des Menschen halten. Alles andere führt nur zu verzerrten Resultaten. Nur auf dem Weg der durch die Sinne vermittelten Erfahrung – das wird Holbach nicht müde, immer wieder einzuschärfen –

können wir die »Geheimnisse« der Natur enträtseln.[118] Aber nicht nur das! Nur eine auf Erfahrung gestützte Forschung erlaubt es uns auch, Antworten auf Fragen der Religion, der Moral, der Gesetzgebung und der Staatsverwaltung zu finden. Und nur eine solche Art der Forschung bringt uns weiter in den Wissenschaften und den Künsten. Und nicht zuletzt müssen wir uns an die Natur halten, wenn es um das geht, an dem wir alle so brennend interessiert sind: an unserem Glück. »Der Mensch höre also auf, außerhalb der Welt, die er bewohnt, Wesen zu suchen, die ihm ein Glück verschaffen sollen, das die Natur ihm versagt: er studiere die Natur, lerne ihre Gesetze kennen und betrachte ihre Energie und die unveränderliche Art, wie sie wirkt; er nutze seine Entdeckungen für seine eigene Glückseligkeit und unterwerfe sich stillschweigend Gesetzen, denen ihn nichts zu entziehen vermag«[119]. Die Konsequenz einer solchen Sichtweise liegt auf der Hand: »Nicht aus einer ideellen Welt also, die nur in der Einbildung der Menschen existiert, darf man die Beweggründe holen, um ihr Handeln in der hiesigen Welt zu bestimmen. In der uns bekannten Welt werden wir die wahren Triebkräfte finden«[120].

Wenden wir uns von hier aus dem zu, was Holbach zum Problem des Selbstmords zu sagen hat. Nun, zunächst einmal stellt er fest, die Menschen der verschiedenen Zeitalter und der verschiedenen Länder hätten unterschiedlich über diejenigen geurteilt, die sich selbst den Tod gaben. Und zwar seien ihre diesbezüglichen Vorstellungen durch die politischen und religiösen Institutionen bestimmt gewesen. Nehmen wir beispielsweise die Griechen und Römer, schlägt

Holbach vor. Da bei ihnen Mut und Großherzigkeit hoch im Kurs standen, betrachteten sie diejenigen, die sich selbst den Tod gaben, geradezu als Helden und Götter. Und der Brahmanismus – um ein Beispiel aus einem anderen Kulturkreis zu nehmen – vermag auch noch heutzutage – also zur Zeit Holbachs – den indischen Frauen genügend Standfestigkeit zu geben, sich zusammen mit der Leiche ihres Mannes verbrennen zu lassen. Und der Japaner gar trägt, wie Holbach die Sache sieht, »keine Bedenken, sich schon beim geringsten Anlaß das Messer in den Leib zu stoßen«[121]. Einen anderen Eindruck hingegen gewinnt man, wenn man das christlich geprägte Abendland in den Blick nimmt. Denn das Christentum lehre, »es sei der Wille Gottes, daß die Menschen leiden, und er sähe ihre Qualen gern; er sei damit einverstanden, daß sie sich nach und nach zerstören oder ihre Strafen gewissermaßen verlängern; doch er könne es nicht billigen, daß sie ihren Lebensfaden plötzlich durchschneiden oder selbst über das Leben verfügen, das er ihnen gegeben habe«[122].

Aber Holbach verkennt nicht, daß auch unabhängig von einer solchen religiösen Motivation Argumente entwickelt worden sind, die die Erlaubtheit des Selbstmords in Frage zu stellen versuchen. So sei von »Moralisten« darauf hingewiesen worden, der Selbstmörder verletze die Verpflichtungen des Paktes, den er mit der Gesellschaft geschlossen habe. Oder – auch ein Argument aus der moralistischen Ecke: Selbstmord sei nichts als Feigheit. Sich durch Schicksalsschläge umwerfen zu lassen, sei doch nichts anderes als Schwäche und Verzagtheit. Und es gehöre viel mehr Mut und Seelengröße dazu, das Unglück zu ertragen und sich dem Schicksal entgegenzustellen als sich den Tod zu geben.

Aus Holbachs Perspektive gesehen kranken all diese Argumente daran, daß sie die falschen Instanzen bemühen, wenn sie sich auf religiöse oder gesellschaftspolitische Vorstellungen berufen. Einzig die *Natur* ist es, die hier befragt werden muß. Aber was wird die uns antworten? Nach Holbachs Überzeugung wird sie uns zunächst darauf hinweisen, daß alle Handlungen eines Menschen von einer Ursache abhängen. Durch diese werden sie, und zwar ohne daß der betreffende Mensch darum weiß und unabhängig von seinem Willen, in Bewegung gesetzt. Das aber heißt nichts anderes, als daß wir Menschen gleichsam in jedem Augenblick »gezwungen« werden, einen der »Befehle« der Natur auszuführen. Man sieht: Holbach macht ernst damit, den Menschen ganz und gar in die Natur einzugliedern und ihn wie alles andere Materielle auch in den gesetzmäßigen Zusammenhang von Ursache und Wirkung einzubinden. Das Ergebnis ist natürlich nichts anderes als ein durchgängiger Determinismus: Wir können gar nicht anders handeln als die Natur es uns befiehlt. Alle Handlungen eines Menschen, hat Holbach einmal gesagt, sind »nur notwendige Wirkungen unbekannter Ursachen, die seinen Willen bestimmen«[123]. So etwas wie einen freien Willen hält Holbach demnach für nichts anderes als eine Fiktion.

Dieser Determinismus beweist sich für ihn auch und gerade dann, wenn es darum geht, seinem Leben selbst ein Ende zu setzen. »Wenn dieselbe Kraft«, schreibt er, »die alle intelligenten Wesen zwingt, ihre Existenz zu lieben, das Leben eines Menschen so leidvoll und beschwerlich macht, daß es ihm hassenswert und unerträglich wird, so scheidet sie ihn gleichsam aus seiner Gattung aus; die Ordnung ist für ihn zerstört, und wenn er sich das Leben nimmt, führt er eine Anordnung der Natur aus, die ihn nicht mehr existieren lassen will. Diese Natur hat während Tausenden von Jahren im Innern der Erde das Eisen geschaffen, das seinem Leben ein Ende setzen soll«[124]. Aber wie, so läßt sich angesichts dieser Ausführungen fragen, bringen wir in Erfahrung, ob und wann die Natur unsere Selbstauslöschung anordnet? Auch darauf hat Holbach eine Antwort parat. Lieben, so heißt es bei ihm, kann der Mensch sein Dasein nur unter der Bedingung, daß es glücklich ist. Tritt nun aber der Fall ein, daß die Natur ihm das Glück versagt, wird ihm seine gesamte Umgebung unerträglich und zur Last, spiegeln ihm seine »düstersten Ideen der Einbildungskraft« nur »niederschmetternde Bilder« vor, dann gibt ihm die Natur damit unmißverständlich zu verstehen, es sei ihm nun erlaubt, »aus einer Ordnung auszuscheiden, die nicht mehr die seine ist«[125]. Mithin gilt: »Eine Natur, die darauf beharrt, unsere Existenz unglücklich zu machen, gebietet uns damit, sie zu verlassen; wenn wir sterben, erfüllen wir ebenso einen ihrer Beschlüsse, wie wir es getan haben, als wir ins Leben traten«[126].

So ist also die Natur die alleinige Instanz, die darüber entscheidet, ob ein Mensch am Leben bleibt oder nicht. Der Selbstmord, so gesehen, wäre damit kein Akt, der freier und reiflicher Überlegung entspringt. Vielmehr ist er nach Holbach zu begreifen als Ausführung einer Anordnung, die die Natur selbst an den einzelnen richtet – einer Anordnung, der er im Grunde genommen gar nicht zuwiderhandeln kann. Auf diese Weise aber wird der Selbstmord von Holbach als ein Phänomen vor Augen geführt, das sich grundsätzlich einer Kategorisierung als sittlich erlaubt oder nicht erlaubt, als gut oder böse, entzieht. Denn dazu müßte man moralische Wertmaßstäbe an die Natur selbst anlegen. Das aber ist nach Holbach nicht statthaft. Die Natur selbst ist indifferent im Hinblick auf solche Kategorisierungen.

Aber Holbach hat es nicht bei solchen grundsätzlichen Überlegungen belassen. Zudem nimmt er Stellung zu den Argumenten, die von den Moralisten und von denjenigen, die auf dem christlichen Boden stehen, vorgebracht worden sind – und immer noch vorgebracht werden –, um die Nicht-Erlaubtheit des Selbstmords zu demonstrieren. Da wäre als erstes das Argument, der Selbstmörder verletze die Verpflichtungen, die sich für ihn aus dem Umstand ergeben, daß er mit der Gesellschaft, in der er lebt, gewissermaßen einen Vertrag, einen »Pakt«, wie Holbach sagt,[127] geschlossen hat. Sieht man sich diesen Pakt näher an, dann wird man nach Holbachs Überzeugung feststellen, daß auch dieser Pakt – wie jeder andere – an Bedingungen geknüpft ist und die Verpflichtungen gegenseitig sind. Näherhin heißt das für Holbach: daß er auf wechselseitige *Vorteile* zwischen den vertragschließenden Parteien abstellt. Konkret: Der einzelne »kann nur durch das Band des Wohlergehens mit der Gesellschaft, mit dem Vaterland, mit seinen Mitmenschen verknüpft sein«. Wird dieses Band von seiten der Gesellschaft oder der Mitmenschen durchschnitten, dann ist das Vertragsverhältnis gelöst und der einzelne kann wieder frei über sich verfügen.

Wann aber genau liegt ein solcher Fall vor? Holbach zählt gleich ein halbes Dutzend möglicher Vertragsbrüche auf, derer sich eine Gesellschaft bzw. die Mitmenschen schuldig machen können, zum Beispiel: Die Gesellschaft oder ihre Repräsentanten behandeln ihn hart und ungerecht; sie machen ihm seine Existenz zur Qual; er wird in einer insgesamt hochmütigen und hartherzigen Welt von Armut und Schande bedroht; im Unglück wenden sich treulose Freunde von ihm ab; seine untreue Frau kränkt sein Herz, und undankbare und widerspenstige Kinder vergiften sein Alter. Oder aber – aus welchen Gründen auch immer – Kummer, Gewissensbisse, Melancholie und Verzweiflung verleiden ihm den Anblick des Universums: Kann er seine Leiden nicht mehr ertragen, »so scheide er aus dieser Welt, die für ihn nur zu einer schrecklichen Einöde geworden ist; er verlasse für immer ein unmenschliches Vaterland, das ihn nicht mehr zu seinen Kindern zählen will; er gehe aus einem Haus, das über ihm einzustürzen droht; er verzichte auf die Gesellschaft, zu deren Wohl er nichts mehr beitragen kann und die ihm nur dank seines eigenen Glücks teuer sein konnte«[128].

Generell gilt demnach für Holbach: »Eine Gesellschaft, die uns kein Gut verschaffen kann oder will, verliert alle Rechte über uns«[129]. So weit, so gut. Wie steht es aber mit dem Vorwurf der Moralisten, der Selbstmörder weiche vor dem Schicksal aus, statt sich ihm entgegenzustemmen? Grundsätzlich ist Holbach diesbezüglich der Ansicht, solange noch ein Fünkchen Hoffnung bestehe, gelte es in der Tat, gegen das Schicksal anzukämpfen. Niemand, der damit rechnet, daß möglicherweise eines Tages seine Leiden doch noch ein Ende nehmen könnten, niemand, der seiner Existenz noch Angenehmes – und sei es auch noch so wenig – abzugewinnen weiß, wird, davon ist Holbach überzeugt, seinem Leben ein Ende setzen. Denn dann ist ihm das Leben als ganzes noch nicht das größte aller Übel; dann ist in ihm noch die Hoffnung – »dieser mächtige Balsam für alle Leiden«[130] – lebendig, die Dinge könnten in absehbarer Zeit eine für ihn günstigere Wendung nehmen. Wird aber auch diese letzte Hoffnung zunichte, dann ist das für Holbach ein sicheres Indiz dafür, daß die Natur ihm jetzt die Selbsttötung anordnet.

Auf diese Weise kommt Holbach den Moralisten einerseits ein wenig entgegen. Andererseits aber beharrt er entschieden auf seiner Überzeugung: Wenn die Natur die Selbsttötung anordne, dann könne man eigentlich gar nicht anders, als dieser Anordnung Folge zu leisten.

Aber es bleibt noch das Argument derjenigen, die darauf pochen, es stehe dem Menschen nicht zu, ohne Gottes Einwilligung den Platz zu verlassen, der ihm zugewiesen worden ist, wie Holbach unter Rückgriff auf das bereits von Platon verwendete Bild sagt. Was steckt dahinter eigentlich für eine Argumentation, fragt Holbach. Und was ist das für ein Gottesbild, das damit entworfen ist? Offenbar, meint Holbach, ist damit doch zu verstehen gegeben, daß diejenige Religion, die solche Positionen vertritt – und aus der ganzen Anlage des *Systems der Natur* geht eindeutig hervor, daß er hierbei die christliche im Blick hat –, davon ausgeht, »es sei der Wille Gottes, daß die Menschen leiden, und er sähe ihre Qualen gern«[131]. Für die »Abergläubischen«, wie Holbach diejenigen bezeichnet, die sich dieser Sicht der Dinge anschließen, gibt es für die Leiden des Menschen kein Ende: »Seine Religion befiehlt ihm, sich weiterhin zu quälen; sie verbietet ihm, zum Tode seine Zuflucht zu nehmen, der für ihn doch nur der Beginn einer unglücklichen Existenz wäre; er würde ewig dafür bestraft, wenn er es wagen würde, den zögernden Befehlen eines grausamen Gottes zuvorzukommen«. *Grausam* ist dieser Gott, weil er Gefallen daran findet, »den Menschen in Hoffnungslosigkeit verharren zu sehen« und weil er nicht will, »daß der Mensch so kühn sei, ohne seine Einwilligung den Platz zu verlassen, der ihm zugewiesen war«[132].

Über all das hinaus – und das ist ein weiterer Vorwurf, den Holbach gegen die christliche Religion erhebt – ist diese Religion sehr inkonsequent, was ihre Stellung zum Selbstmord angeht. Einerseits verurteilt sie ihn rigoros. Andererseits aber wird im Alten Testament davon berichtet, daß sich Samson und Eleasar – Männer, »die Gott sehr angenehm waren« – selbst den Tod gaben.[133] (Schon Thomas von Aquin sahen wir eifrigst bemüht, die sich damit abzeichnende Problematik wegzudiskutieren.) Und »wenn es wahr ist, daß der *Messias* oder der Gottessohn der Christen freiwillig den Tod erlitten hat, so war er offenbar ein *Selbstmörder*«. Damit aber noch nicht genug! Wie steht es eigentlich mit all den *Märtyrern*, von denen in der Bibel berichtet wird? Im Grunde haben sie sich doch aus freien Stücken dem Tod überliefert. Und was ist mit den *Büßern*, »die es sich als Verdienst anrechneten, sich nach und nach zugrunde zu richten«? Auch hier wird man nach Auffassung Holbachs

wohl zu einer analogen Einschätzung gelangen müssen.

So versucht Holbach nicht nur die Argumentation
der Moralisten zu entkräften, sondern gleicherweise
auch die, die sich entschieden auf einen christlichen
Boden stellt. Bei all dem ist für ihn klar, daß ein
Mensch nicht einfach so sein Leben wegwirft. Da er
das Leben für »das größte aller Güter« erachtet,[134]
steht für ihn außer Frage, daß ein Mensch nur dann
zu dem äußersten Mittel – nämlich der Selbsttötung –
greift, wenn es rein gar nichts mehr gibt, was ihn noch
an dieses Leben binden, ihn in dieser Existenz ausharren lassen könnte. Wenn also auch der Selbstmörder
das Leben als das höchste Gut ansieht und er dennoch bereit ist, es wegzugeben, wird dann, so fragt
Holbach, der Selbstmörder nicht durch eine »unwider-
stehliche Kraft«[135] zu seiner Tat getrieben? Und wenn
dem so ist, wie kann man dann noch sagen, er handele *frei*? Erfolgt diese Tat nicht vielmehr mit Notwendigkeit? Für Holbach ist klar ersichtlich, daß hier
streng genommen von Freiheit keine Rede sein kann.
So gelangt er zu dem Fazit: »Wenn der Mensch in
keinem Augenblick seines Lebens frei ist, so ist er es
um so weniger bei der Handlung, die seinem Leben ein
Ende setzt«[136]. Der Selbstmörder folgt bei seiner Tat
lediglich dem »Antrieb der Natur«; er schlägt den einzigen Weg ein, den die Natur ihm anweist, um seine
Leiden zu beenden: Er verläßt die Existenz, wie Holbach unter Heranziehung eines stoischen Motivs sagt,
durch eine Pforte, die die Natur ihm offengelassen
hat.[137] So gesehen macht es in Holbachs Augen wenig
Sinn, zu sagen, der Selbstmörder beleidige die Natur
oder den Schöpfer dieser Natur – ist es doch eben

diese Natur selbst, die ihn anweist, »das Gesetz der Notwendigkeit« zu erfüllen.[138]

Holbach hat damit ein Konzept vorgelegt, das die Natur zur letzten Entscheidungsinstanz dafür erklärt, ob jemand weiterhin am Leben festhält oder ob er es im Akt des Selbstmords weggibt. An diese Instanz moralische Kategorien anzulegen – das hält Holbach schon vom Ansatz her für verfehlt. So kann man streng genommen auch gar nicht behaupten, Holbach plädiere für die ethische Erlaubtheit des Selbstmords. So, wie er die Sache darlegt, entscheidet letzten Endes allein die Natur über Sein und Nichtsein. Der Selbstmord tritt damit bei Holbach in den Blick nicht als Resultat eines freien, überlegten Akts, sondern als ein Ereignis, das der Gang der Natur mit Notwendigkeit mit sich bringt. Daß damit zugleich selbsternannten Moralisten jedweder Couleur, die für eine rigorose Verwerfung des Selbstmords eintreten und die Ächtung des Selbstmörders fordern, der Wind aus den Segeln genommen wird, dürfte Holbach sicherlich als einen nicht zu unterschätzenden Nebeneffekt seiner Ausführungen willkommen geheißen haben.

4. Wider den Aberglauben und falsche Religion: David Hume

Der Schotte David Hume – 1711 in Edinburgh geboren – verbucht die Abstempelung des Selbstmords als Verbrechen unter den Rubriken Aberglaube und falsche Religion. Aberglauben und falsche Religion wirksam zu verbannen, das vermag aus Humes Sicht allein die Philosophie. Hat sie erst einmal die Herrschaft über den Verstand erlangt, dann, so schreibt Hume in seinem Essay über den Selbstmord, ist die Chance gegeben, den Aberglauben zu beseitigen und somit zu einer adäquateren Wertung der Selbsttötung zu gelangen.[139] Humes Essay *Über Selbstmord* (*On Suicide*) wurde 1777, also ein Jahr nach Humes Tod, veröffentlicht. In ihm unternimmt es Hume, die gängigen Argumente gegen den Selbstmord auf ihre Stichhaltigkeit hin zu überprüfen. Ziel dieser Prüfung ist es, den Akt der freiwilligen Selbsttötung als frei von jedem Vorwurf der Schuld oder des Tadels zu erweisen.[140]

Hume unterscheidet drei Hinsichten, unter denen der Selbstmord traditionell als Verbrechen angesehen wird. Erstens, heißt es, verletze der Selbstmord unsere Pflichten gegenüber Gott. Zweitens stelle er eine Verletzung von Pflichten gegenüber unseren Nächsten – und das meint bei Hume: gegenüber der Gesellschaft, in der man lebt – dar. Und drittens schließlich handele es sich bei ihm um eine Verletzung unserer Pflicht gegen uns selbst. Hume entwickelt Argumente gegen alle drei Vorwürfe; sie alle sollen die Haltlosigkeit der Anschuldigungen zeigen. Das Schwergewicht legt er dabei auf den ersten Aspekt.

Der Selbstmord ist eine Übertretung unserer Pflichten gegenüber Gott – dieser Vorwurf meint näherhin: Der Selbstmord verletzt unsere Pflicht gegenüber Gott, weil er die Pläne der göttlichen Vorsehung durchkreuzt. Also muß die Widerlegung des Vorwurfs zeigen, daß der Akt der Selbsttötung nicht quer zu den Absichten steht, die Gott mit Welt und Mensch hat. Zu diesem Zweck holt Hume recht weit aus. Was jedoch zunächst wie eine Abschweifung vom eigentlichen Thema erscheinen könnte, erweist sich bei näherem Hinsehen als sehr geschickte, sehr durchdachte Argumentation, die geradewegs ins Zentrum des Problems führt. Hume argumentiert folgendermaßen. Gott als der allmächtige Schöpfer aller Dinge hat den Lauf der Welt so eingerichtet, daß in der *materiellen* Welt alles – und das heißt: vom größten Planeten bis zum kleinsten Teil der Materie – gemäß allgemeinen und unveränderlichen Gesetzen geschieht. Und die *Lebewesen* hat er mit körperlichen und geistigen Kräften – mit Sinnen, Leidenschaften, Begierden, Gedächtnis, Urteilskraft usw. – ausgestattet, durch die er die belebte Welt lenkt. So liegen der materiellen Welt auf der einen und der belebten Welt auf der anderen Seite durchaus verschiedene Prinzipien zugrunde, was dazu führt, daß sie sich gegenseitig einerseits hemmen, andererseits aber auch fördern. »Die Kräfte des Menschen«, schreibt Hume, »und aller anderen Lebewesen werden durch die Natur und die Eigenschaften der umgebenden Körper eingeschränkt und geleitet; und die Modifikationen und Bewegungen dieser Körper werden unaufhörlich durch die Tätigkeit aller Lebewesen verändert«[141]. Auch wenn auf diese Weise die Wirkungsbereiche der beiden unterschiedlichen Prinzipien keineswegs streng voneinander getrennt sind, so entsteht dadurch, wie Hume darlegt, doch keine Uneinigkeit, keine Unordnung, kein Chaos im Lauf der Dinge. Ganz im Gegenteil, meint er, gerade aus der Vermischung und dem Aufeinander-Bezogensein der gegensätzlichen Kräfte und Prinzipien entspringt die erstaunliche Harmonie, die wir im Kosmos feststellen können und die uns, wie er hinzufügt, »das sicherste Argument für eine höchste Weisheit liefert«[142].

Hume will damit zunächst darauf hinaus, daß die göttliche Vorsehung nicht unmittelbar in irgendeiner einzelnen Handlung eines Wesens zum Ausdruck kommt, sondern daß sie Welt und Mensch durch jene allgemeinen und unveränderlichen Gesetze leitet. So gesehen können alle Ereignisse letztlich als Handlungen Gottes bezeichnet werden, resultieren sie doch aus all jenen Kräften, mit denen er die Geschöpfe ausgestattet hat. Konkret heißt das: »Wenn die Leidenschaften entflammen, wenn die Urteilskraft etwas gebietet, wenn die Gliedmaßen gehorchen, dann ist das alles die Handlung Gottes, und sowohl auf diesen belebten als auch auf den unbelebten Prinzipien hat er die Lenkung der Welt errichtet«[143]. Die Folge hieraus für Hume ist, daß in den Augen Gottes jedes Ereignis im Kosmos – und sei es im entlegensten Winkel des Universums oder in den entferntesten Zeiträumen – gleich wichtig ist. Es gibt somit kein Ereignis, das, so bedeutsam es für uns auch sein mag, Gott von den allgemeinen Gesetzen, die das Universum lenken, ausgenommen oder das er seinem eigenen unmittelbaren Eingreifen vorbehalten hätte.

Angesichts dieser Ausführungen stellt sich jetzt die Frage: Wie fügt sich in dieses Bild das Verhalten desjenigen Menschen ein, der, von Schmerz und Elend gepeinigt, des Lebens müde ist und Hand an sich selbst legt? Zieht er sich, wie es der weitverbreitete Vorwurf glauben machen will, tatsächlich den Unwillen seines Schöpfers zu, weil er in das Geschäft der göttlichen Vorsehung eingegriffen und die Weltordnung mit seiner Tat durcheinander gebracht haben soll? Humes Argument, das diese Antwort als unsinnig erweisen soll, läuft folgendermaßen. Das menschliche Leben untersteht denselben Gesetzen wie das Leben aller anderen Organismen, nämlich den allgemeinen Gesetzen der Materie und der Bewegung. Wenn nun ein Mensch sich selbst tötet und diese Tat als verbrecherisch gebrandmarkt wird, weil dadurch, wie das populäre Vorurteil behauptet, ein Eingriff in die allgemeinen Gesetze des Kosmos vorgenommen und dadurch der Plan der Vorsehung durchkreuzt wird, dann müßte schlechthin jeder Eingriff in Naturabläufe gleichermaßen verbrecherisch sein. Eine solche Sichtweise aber erachtet Hume schlichtweg für absurd.[144] Alle Lebewesen, so sagt er, können, wollen sie nicht zugrunde gehen, gar nicht anders, als ständig Eingriffe in das Naturgeschehen vorzunehmen. Jede Handlung, jede Bewegung eines Organismus verändert die Ordnung einiger Teile der Materie und damit den Lauf der Dinge insgesamt. Also kann man gar nicht anders, als zu der Folgerung zu gelangen, daß es durchaus keinerlei Eingriff in den Gang der Vorsehung bedeutet, wenn jemand frei über sein eigenes Leben verfügt.

Retten vor dieser Folgerung könnte man sich allenfalls noch dadurch, wenn es gelänge zu zeigen, daß und warum der besondere Fall des Selbstmords eine Ausnahme darstellt, daß, anders gesagt, unter allen Handlungen des Menschen allein die Verfügung über sein Leben einen Eingriff in das Vorsehungsgeschehen darstellt. Ein solcher Nachweis indessen ist nach Hume kaum zu erbringen. Wäre nämlich die Verfügung über das Leben des Menschen Gott in der Weise als besondere Vorsehung vorbehalten, daß es einen

Eingriff in sein Recht bedeutete, wenn Menschen ihrem eigenen Leben bewußt ein Ende setzen, dann wäre es gleichermaßen verbrecherisch, wenn man für die Erhaltung des Körpers sorgt.[145] Denn auch in diesem Fall wird in den Naturablauf eingegriffen. Und für beide Fälle gilt: Das, was hier geschieht, geschieht nur infolge jener Kräfte und Prinzipien, mit denen der Schöpfer seine Geschöpfe ausgestattet hat. Gerade darin aber beweist sich, daß die göttliche Vorsehung in allen Fällen unverletzt bleibt und »weit jenseits des Bereichs menschlicher Zugriffe« liegt.[146]

Auf diese Weise kann Hume zu dem Fazit gelangen: Der Selbstmord ist alles andere als verbrecherisch. Er durchkreuzt genausowenig die Pläne der Vorsehung wie es der Bau von Häusern, das Bestellen des Bodens oder das Befahren dès Ozeans tut.[147] Für all dies gilt gleichermaßen, daß wir hierbei unsere geistigen und körperlichen Kräfte gebrauchen, Kräfte also, mit denen uns der Schöpfer ausgerüstet hat. Zudem ist damit, daß jemand freiwillig aus dem Leben scheidet, keineswegs automatisch gesagt, daß der Betreffende über die Vorsehung klagt oder seine Erschaffung verwünscht. Vielmehr verweist er mit seiner Tat lediglich auf den Sachverhalt, daß – was auch die Vertreter der von Hume kritisierten Ansicht zugeben müssen – das menschliche Leben unglücklich sein kann und daß es den Menschen noch elender macht, wenn es weitergelebt würde. So betrachtet, meint Hume, müsse man der Vorsehung sogar dankbar dafür sein, daß sie uns Menschen die Macht verliehen habe, dem Übel, das uns bedrängt, entfliehen zu können.[148] Und zur Bekräftigung seiner Ansicht zitiert er Senecas Satz (*Mora-*

lische Briefe an Lucilius 12, 10): »Danken wir Gott, daß niemand im Leben festgehalten werden kann«.

Als Resümee gilt es mithin festzuhalten: Die Meinung, der Selbstmord stelle eine Verletzung unserer Pflichten gegen den Schöpfer dar, weil er die Pläne der göttlichen Vorsehung durchkreuze, ist unhaltbar. Nicht besser ist es um den zweiten Vorwurf bestellt, den, der behauptet, der Selbstmord verletze unsere Pflichten gegen unsere Nächsten, näherhin die gegen die Gesellschaft. Hier ist Humes Position die, daß derjenige, der freiwillig aus dem Leben scheidet, der Gesellschaft durchaus keinen Schaden zufügt. Er hört – im besten Fall – lediglich auf, ihr Gutes zu tun. Wenn das aber ein Unrecht ist, dann ist es sicherlich eins der geringsten Art.

Dahinter steht bei Hume die Ansicht, alle unsere Verpflichtungen, dem Nächsten oder der Gesellschaft Gutes zu erweisen, schlössen eine Art Gegenseitigkeit ein: Weil ich Nutzen aus der Gesellschaft ziehe, sollte ich die Interessen dieser Gesellschaft fördern – und vice versa. Aber was ist, wenn ich mich durch Freitod ganz und gar und unwiderruflich aus der Gesellschaft verabschiede? Sicher: Dann kann ich nicht weiterhin ihre Interessen fördern. Aber ebenso sicher ist, daß ich dann auch keinerlei Nutzen mehr aus ihr ziehe. Also verletze ich ihr gegenüber auch keinerlei Pflichten.

Damit ist die von Hume angegriffene Position eigentlich schon erledigt. Aber Hume führt noch weitere Überlegungen gegen sie ins Feld. Zunächst die folgende: Nehmen wir einmal an, es stünde nicht mehr länger in meiner Macht, die Interessen der Gesellschaft zu fördern und ich würde in zunehmendem Maße eine Last für sie, ja, mein Zustand würde sogar andere daran hindern, der Gesellschaft viel nützlicher zu sein als sie es jetzt de facto sind: Wäre dann mein freiwilliger Tod nicht etwas, was gerade die Interessen der Gesellschaft fördert? Mithin wäre mein selbstvollzogener Abschied vom Leben nicht nur schuldlos, sondern durchaus lobenswert.[149]

Die andere Überlegung, die Hume anstellt,[150] geht davon aus, ein Verbrecher sei zum Tode verurteilt. Und Hume fragt sich, ob es einen Grund gibt, warum dieser Mensch seiner Bestrafung durch Selbstmord nicht zuvorkommen und sich so all den Qualen, die mit der Vorstellung der näherrückenden Hinrichtung verbunden sind, entziehen sollte. Nach Humes Überzeugung greift ein solcher Mensch nicht mehr in das Geschäft der Vorsehung ein als der Magistrat, der seine Hinrichtung befahl. Ein ebenso raffiniertes wie schlagkräftiges Argument, das Hume hier formuliert!

Auf diese Weise gelingt es Hume, gleich mit mehreren Argumenten die Ansicht, der Selbstmörder verletze seine Pflichten gegen die Gesellschaft, als unhaltbare Konstruktion zu entlarven. Nicht anders ergeht es dem Vorwurf, der Selbstmord stelle eine Verletzung der Pflichten gegen uns selbst dar. Hume stellt dabei nicht generell in Abrede, daß wir Pflichten gegen uns selbst haben. Aber mit eben diesen Pflichten gegen uns selbst ist nach seinem Dafürhalten der Selbstmord durchaus, ja sogar problemlos vereinbar – dann zum Beispiel, wenn Alter, Krankheit oder Unglück das Leben zu einer Last machen, die schlimmer ist als seine Vernichtung. Niemand, führt Hume in diesem Zusammenhang aus, habe sein Leben weggeworfen, als es ihm noch lebenswert erschien. Und niemals werden geringfügige Motive in der Lage sein, uns mit der freiwilligen Selbstauslöschung anzufreunden; dazu ist unsere natürliche Angst vor dem Tod viel zu groß. Wer also zu dem letzten Mittel greift, dem ist das Leben – durch was auch immer: sei es durch äußere Lebensumstände, sei es durch unheilbare Verkehrtheit oder Düsterkeit des Gemüts – zu einer unerträglichen Bürde geworden, von der es sich mit einem letzten Akt zu befreien gilt. Diese Möglichkeit, seinem Dasein mit einem Schlag ein Ende zu setzen, wenn es nur noch als Last empfunden wird, sollte, dafür plädiert Hume entschieden, jedem offenstehen. Jedem also sollte die Freiheit zugestanden werden, Abschied vom Leben zu nehmen, wenn es ihm nicht länger mehr als lebenswert erscheint.

In einer Anmerkung, die Hume seinem Essay über den Selbstmord hinzugefügt hat, schreibt er, es sei im übrigen leicht zu beweisen, daß der Selbstmord für Christen ebenso legal sei wie er es für die Heiden war. Keine Stelle in der Schrift, meint er, gebe es, die seiner Position bezüglich des Selbstmords entgegenstehe. Das fünfte Gebot verbiete zwar die Tötung; aber offenbar habe es den Sinn, das Töten *anderer*, über deren Leben uns keine Verfügungsgewalt zusteht, auszuschließen; der Selbstmord hingegen werde durch es nicht verboten – so daß hinsichtlich des Freitods Christen und Heiden auf ein und derselben Grundlage stünden. Und er schließt mit einem Zitat aus der *Naturalis historia* des Plinius, der den Selbstmord als einen Vorteil ansieht, den die Menschen selbst der Gottheit voraus haben: »Gott kann sich, auch wenn er wollte, nicht selbst den Tod geben, was er dem Menschen als beste Gabe in den so großen Mühen des Lebens verlieh«[151].

5. Der Pflichtversessene: Immanuel Kant

Auf den ersten Blick scheint sich Kant (1724-1804) ganz in den gedanklichen Bahnen der neuzeitlichen Selbsterhaltungstheoretiker zu bewegen, wenn er die Selbsterhaltung des Menschen als eines Naturwesens in den Rang der *ersten* Pflicht gegen sich selbst erhebt. Aber gerade dadurch, daß er ausdrücklich von einer *Pflicht* – und näherhin von einer ersten Pflicht *gegen sich selbst* – spricht, zeigt er an, daß er das mit dem Hinweis auf die fundamentale Rolle des Selbsterhaltungstriebs begründete Verbot der Selbsttötung um eine weitere Nuance bereichert. Prima facie freilich scheint die Kantische Ansicht wenig einleuchtend. Denn was soll das sein: eine Pflicht gegen sich selbst? Kann es so etwas überhaupt geben? Enthält der Begriff einer Pflicht gegen sich selbst nicht einen Widerspruch? Und tatsächlich weist Kant selbst darauf hin, daß man es hier, jedenfalls dem ersten Anschein nach, mit einer widersprüchlichen Bestimmung zu tun habe. Denn wenn ich eine Pflicht gegen mich selbst habe, dann befinde ich mich doch augenscheinlich in der Situation einer passiven Verpflichtung, die zugleich eine aktive wäre: Ich soll mich zu etwas verpflichten und bin doch zugleich derjenige, auf den sich die Pflicht bezieht. Anders und mit Kant gesagt: Bei einer Pflicht gegen mich selbst bin ich der Verbindende und der Verbundene in einer Person. Das aber scheint doch etwas seltsam zu sein.

Für Kant entsteht dieses Problem allein dadurch, daß hierbei der Begriff vom Menschen in einem und demselben Sinn gedacht wird. Differenziert man den Begriff vom Menschen, dann löst sich nach Kants

Überzeugung sofort der Widerspruch, der im Begriff einer Pflicht gegen sich selbst zu stecken scheint. In diesem Sinne hat er in seiner Schrift, die den Titel *Die Metaphysik der Sitten* trägt und 1797 erschienen ist, dargelegt,[152] daß man den Menschen einmal als *vernünftiges Naturwesen*, dann aber auch als *Persönlichkeit* begreifen kann. Als vernünftiges Naturwesen ist der Mensch durch seine Vernunft, als *Ursache*, bestimmbar zu Handlungen in der sinnlichen Welt. Hierbei kommt der Begriff einer Verbindlichkeit noch nicht in Betracht. Das tut er erst, wenn man den Menschen als Persönlichkeit in den Blick nimmt. Der Mensch ist Persönlichkeit – das heißt für Kant: er ist ein mit innerer Freiheit begabtes und folglich ein der Verpflichtung fähiges Wesen. Und als Persönlichkeit in diesem Sinn kann er sich gegen sich selbst verpflichten, nämlich gegen »die Menschheit in seiner Person«. So gesehen wird der Begriff vom Menschen in zweierlei Bedeutung gedacht, und so kann man dann auch nach Kant – und zwar ohne mit sich in Widerspruch zu geraten – eine Pflicht gegen sich selbst anerkennen. Und diese Pflicht gegen sich selbst wird nun von Kant eingeteilt in die Pflicht, die der Mensch gegen sich selbst als ein *animalisches* und in die, die er gegen sich selbst als ein *moralisches* Wesen hat.

Nach dieser einigermaßen langen Vorrede kommt Kant nun aber zur Sache.[153] Die erste Pflicht gegen sich selbst, die der Mensch als ein *animalisches* Wesen hat, ist, so setzt er fest, die Selbsterhaltung (während die Pflicht gegen sich selbst als *moralisches* Wesen den Lastern Lüge, Geiz und falsche Demut, das ist Kriecherei, entgegengesetzt ist). Das »Widerspiel«, wie Kant sich ausdrückt, zur Selbsterhaltung in diesem fundamentalen physischen Sinn ist, das dürfte nicht überraschen, der »willkürliche *physische* Tod«, die »Entleibung«, wie Kant auch sagt. Diese wiederum kann »total« oder »bloß partial« sein. Die totale physische Entleibung ist der Suizid, der Selbstmord. Die bloß partiale ist die »Entgliederung« oder Verstümmelung. Auch hierbei unterscheidet Kant wieder zwei Gruppen: eine »materiale« Verstümmelung und eine »formale«. Eine *materiale* Verstümmelung liegt dann vor, wenn man sich selbst bestimmter »integrierender Teile« des Körpers beraubt. Und mit einer *formalen* Verstümmelung hat man es zu tun, wenn sich jemand, sei es für immer oder nur auf einige Zeit, des Vermögens des physischen – und für Kant damit indirekt auch des moralischen – Gebrauchs seiner Kräfte beraubt.

Nun aber genug der Differenzierungen und Untergliederungen! Welche Gründe sind es, die Kant veranlassen, den Selbstmord als ethisch verwerfliche Handlung einzustufen? Nun, da weist er zunächst einmal darauf hin, daß der Selbstmord nur dann als verwerflich einzustufen ist, wenn bewiesen werden kann, daß er ein *Verbrechen* ist, welches jemand an seiner eigenen Person oder durch Selbstentleibung an einer anderen begeht, wie es zum Beispiel bei einer Schwangeren der Fall ist, die sich selbst umbringt und damit auch das in ihr heranwachsende Kind. Aber wie skeptisch auch immer diese Frage daherzukommen scheint, so ist es doch für Kant ausgemacht: »Die Selbstentleibung ist ein Verbrechen (Mord)«. Als Grund für diese Entscheidung ließe sich etwa anführen, der Selbstmörder verletze seine Pflichten gegen andere Menschen. So verletzt beispielsweise ein Ehepartner durch seinen Freitod seine Pflichten gegen den anderen Partner. Oder Eltern verletzen durch freiwilligen Tod ihre Pflichten gegen ihre Kinder. Auf der gleichen Ebene angesiedelt sieht Kant die Pflichtverletzung des Untertans gegen die Obrigkeit oder seine Mitbürger. Und schließlich könnte man den Selbstmord auch deshalb als Verbrechen brandmarken, weil er eine Verletzung unserer Pflichten gegen Gott darstellt. Und dies insofern – und dieses Argument ist uns von Platon her vertraut –, als der Selbstmörder seinen ihm anvertrauten Posten in der Welt verläßt, ohne davon abberufen worden zu sein.

Indessen ist sich Kant darüber im klaren, daß das alles keine sonderlich starken Argumente sind. Daher meint er denn auch, das einzige Argument, das wirklich ziehe, sei das folgende: Der Mensch ist *Person*, und eben weil er das ist, ist er zur Erhaltung seines Lebens verpflichtet und muß hierbei eine – und wie Kant hinzusetzt: *strenge* – Pflicht gegen sich selbst anerkennen. »Der Persönlichkeit«, so hat er geschrieben, »kann der Mensch sich nicht entäußern, so lange von Pflichten die Rede ist, folglich so lange er lebt, und es ist ein Widerspruch, die Befugnis zu haben, sich aller Verbindlichkeit zu entziehen, d. i. frei so zu handeln, als ob es zu dieser Handlung gar keiner Befugnis bedürfte«. Mit anderen Worten: Freiwillige Selbsttötung ist für Kant gleichbedeutend mit Vernichtung seiner eigenen Person. Und das wiederum schließt nach Kants Ansicht ein: sich selbst als Subjekt der Sittlichkeit vernichten. In diesem Sinne hat er geschrieben: »Das Subjekt der Sittlichkeit in seiner eigenen Person zernichten, ist eben so viel, als die Sittlichkeit selbst ihrer Existenz nach, so viel an ihm ist, aus der Welt vertilgen, welche doch Zweck an sich selbst ist; mithin über sich als bloßes Mittel zu ihm beliebigen Zweck zu disponieren, heißt die Menschheit in seiner Person (homo noumenon) abwürdigen, der doch der Mensch (homo phaenomenon) zur Erhaltung anvertraut war«[154].

Aus dem gleichen Grund verbietet sich für Kant auch die freiwillige Selbstverstümmelung. »Sich eines integrierenden Teils als Organs berauben (verstümmeln), z. B. einen Zahn verschenken, oder zu verkaufen, um ihn in die Kinnlade eines andern zu pflanzen, oder die Kastration mit sich vornehmen zu lassen, um als Sänger bequemer leben zu können« – das alles und dergleichen gehört zum »partialen« Selbstmord. Ebenso wie der totale ist auch er als ethisch verwerflich einzustufen.[155] Etwas anders hingegen sieht die Sachlage aus, wenn ein abgestorbenes oder mit Absterben bedrohtes Organ amputiert wird. Ähnlich scheint es sich zu verhalten, wenn jemand sich einen Körperteil, der kein Organ ist, abnehmen läßt, z. B. die Haare. Während es für Kant eindeutig ist, daß im erstgenannten Fall kein Verbrechen an der eigenen Person festgestellt werden kann, ist er beim zweiten weit weniger entschieden. Denn wenn man sich – um bei dem Kantischen Beispiel zu bleiben – die Haare abnehmen läßt, weil man damit einen »äußeren Erwerb« beabsichtigt, dann ist man schon nicht mehr »ganz schuldfrei«[156].

Dies alles zeigt: Kants Argumentation gegen die sittliche Erlaubtheit des Selbstmords operiert mit dem Begriff einer Pflicht gegen sich selbst. Nun wird man sicherlich nicht behaupten können, diese Argumentationsfigur habe in der Diskussion um den Selbstmord eine nachhaltige Wirkung entfaltet. Immerhin aber fühlte sich ein späterer Denker, der sich sehr intensiv mit dem Problem des Selbstmords auseinandergesetzt hat – ich meine Arthur Schopenhauer –, dermaßen durch Kants Ausführungen herausgefordert, daß er sie einer beißenden Kritik unterzogen hat. Diese Kritik zielt darauf ab, den Begriff einer Pflicht gegen sich selbst als unsinnig zu erweisen. Schopenhauer argumentiert diesbezüglich wie folgt: Wie alle Pflichten müssen auch die – für ihn bloß vermeintlichen – Pflichten gegen uns selbst entweder *Rechts-* oder *Liebes*pflichten sein. Rechtspflichten gegen uns selbst aber hält Schopenhauer für schlechterdings unmöglich. Er begründet dies mit dem seiner Ansicht nach selbst-evidenten Rechtsgrundsatz (den er in Ulpians *Corpus iuris civils* finden konnte): »volenti non fit iniuria«, was soviel heißt wie: Dem, der es so haben will, geschieht kein Unrecht. Das will sagen: Was auch immer ich mir antue, ist allemal das, was ich will. Daher geschieht mir von mir selbst immer nur das, was ich will. Demnach geschieht mir von mir selbst nie Unrecht. Und folglich macht es keinen Sinn, von Rechtspflichten gegen mich selbst zu reden.

Und bezüglich der Liebespflichten gegen uns selbst sagt er, daß hier die Moral die Arbeit bereits getan findet und zu spät kommt. Er meint damit: Schon das oberste Gebot der christlichen Moral – nämlich: »Liebe deinen Nächsten wie dich selbst« – setzt die Unmöglichkeit einer Verletzung der Pflicht der Selbstliebe voraus. Denn in diesem Gebot wird die Liebe, die jeder zu sich selbst hegt, als die Bedingung jeder anderen Liebe – beispielsweise der, die ich für meinen Nächsten empfinde – vorausgesetzt.[157]

Damit ergibt sich für Schopenhauer als Fazit der Auseinandersetzung mit Kant in diesem Punkt: die Gründe, die dieser im Ausgang von der Behauptung, wir hätten Pflichten gegen uns selbst, anführt, seien nichts weiter als »Armseligkeiten, die nicht einmal eine Antwort verdienen«. »Man muß lachen«, heißt es dann weiter, »wenn man bedenkt, daß dergleichen Reflexionen dem Cato, der Kleopatra, dem Cocceius Nerva, oder der Arria des Paetus den Dolch hätten aus den Händen winden sollen«[158]. Schopenhauer selbst wertet es geradezu als »Vorrecht« des Menschen, daß er sein Leben, auch ehe die Natur selbst ihm ein Ziel setzt, beliebig beenden kann. Folglich lebt er nicht wie das Tier notwendig solange er *kann*, sondern nur solange er *will*. »Ob er nun aus ethischen Gründen dieses Vorrechts sich wieder zu begeben habe« – das allerdings ist für Schopenhauer »eine schwierige Frage, die wenigstens nicht durch die gebräuchlichen seichten Argumente entschieden werden kann«[159]. Über sie hat er immer wieder nachgedacht. Zu welchen Einsichten und Ansichten er dabei gekommen ist, werde ich weiter unten ausführlicher darlegen. Hier kam es zunächst einmal nur darauf an, zu zeigen, wie ein nachfolgender Denker eine Argumentationsfigur eines Vorgängers direkt aufgreift und zu destruieren versucht.

6. Der Mensch als Werkzeug des Sittengesetzes: Johann Gottlieb Fichte

1798 publizierte Johann Gottlieb Fichte (1762-1814), zum damaligen Zeitpunkt Professor für Philosophie in

Jena, eine Schrift mit dem Titel *Das System der Sittenlehre nach den Prinzipien der Wissenschaftslehre*.
»Wissenschaftslehre«: das ist Fichtes Name für die von
ihm in dem gleichnamigen Werk von 1794 entwickelte
Philosophie, derzufolge schlechterdings alles aus der
freien Tätigkeit des Ich abzuleiten ist. Im *System der
Sittenlehre* nun versucht er die Prinzipien der Wissenschaftslehre für Fragen der Moral fruchtbar zu
machen. Geleitet sind seine Ausführungen dabei von
der Überzeugung: »Ich bin Werkzeug des Sittengesetzes in der Sinnenwelt«[160]. Für Fichte ergibt sich daraus
stringent, daß es meine *Pflicht* ist, mich selbst zu
erhalten. Pflicht zur Selbsterhaltung – das heißt bei
Fichte zunächst: Pflicht zur Erhaltung meines *Leibes*.
Es heißt aber auch: Pflicht zur Kultivierung meines
Geistes[161].

Die so differenzierte Pflicht zur Selbsterhaltung läßt
sich einerseits negativ – das heißt als Verbot – andererseits aber auch positiv – als Gebot – formulieren.
Als *Verbot* formuliert fordert das Sittengesetz von mir:
»Unternimm nichts, was, deinem eigenen Bewußtsein
nach, der Erhaltung deiner selbst in dem angegebenen
Sinne des Worts, Gefahr bringen könnte«. Und als
Gebot ausgedrückt verlangt es: »Tue alles, was deiner
besten Überzeugung nach, diese Erhaltung deiner
selbst befördert«[162].

Es dürfte auf der Hand liegen, daß damit die entscheidenden Wegmarken für die moralische Bewertung des Selbstmords gesteckt sind. Und so wird man
es sicherlich ohne große Verwunderung zur Kenntnis
nehmen, wenn Fichte erklärt: »Ich soll nicht ohne
große Not, d. h. ohne Aufforderung des Pflichtgebots,
mein Leben in Gefahr setzen; es muß daher auch um

so viel mehr verboten sein, dasselbe durch eigne Kraft mit Vorsatz zu zerstören«. Damit gibt Fichte unmiß- verständlich zu verstehen: Der Selbstmord ist eine moralisch unerlaubte Handlung. Aber dem zitierten Satz fügt er dann noch einen eigenartigen Vorbehalt hinzu: es sei denn, es gäbe eine Pflicht, die die Zerstö- rung oder die Gefährdung des eigenen Lebens for- dert.[163] Aber ist eine solche Pflicht überhaupt mög- lich? Das ist die für Fichte hinsichtlich der Diskussion um die moralische Erlaubtheit des Selbstmords allein entscheidende Frage. Und was antwortet er darauf? In einem ersten Schritt weist er auf den Unterschied hin, der zwischen der Forderung der Pflicht, sein Leben in Gefahr zu bringen und der, es zu zerstören, besteht. Sicher: eine nicht unwichtige Differenzierung. Im ersten Fall, so führt Fichte aus, werde ich zum Vergessen, zur Nichtachtung meiner Sicherheit ver- pflichtet, und die Handlung, in der ich mich selbst vergessen soll, geht auf etwas außer mir Liegendes. Demnach gibt es gar nicht so etwas wie ein unmittel- bares Gebot: »Begib dich in Gefahr«. Sondern es gibt nur das Gebot: »Tue schlechthin, was dich wohl in Gefahr bringen könnte«. Dieses Gebot gebietet die Gefährdung des eigenen Lebens aber nur mittelbar und bedingt – nämlich unter der Bedingung, daß mein pflichtgemäßes Handeln mich in die Situation bringen kann, mein Leben der Gefahr auszusetzen.

Anders hingegen stellt sich für Fichte der Fall der Selbsttötung dar. Denn dabei handelt es sich um eine Handlung, die unmittelbar auf mich selbst geht. Folg- lich müßte für sie ein unmittelbares und unbedingtes Pflichtgebot aufgewiesen werden können. Das aber hält Fichte nicht für möglich. Und zwar aus folgen-

dem Grund. Mein Leben ist die Bedingung dafür, daß
ich das Sittengesetz ausführen kann. Nun gebietet mir
eben dieses Sittengesetz schlechthin, es auszuführen.
Mithin ist es mir schlechthin geboten zu leben – wobei
freilich die Einschränkung gemacht werden muß:
soweit das in meiner Macht steht. Also widerspricht es
dem Sittengesetz, wenn ich mir das Leben nehme. Der
Selbstmord ist folglich für Fichte »schlechthin pflichtwidrig«[164].

Damit ist die Ausgangsfrage, ob eine Forderung der
Pflicht, sich selbst zu töten, möglich ist, beschieden –
und zwar abschlägig. Eine solche Pflicht kann es
Fichte zufolge nicht geben. Denn ich kann mein Leben
gar nicht zerstören, ohne mich der Herrschaft des Sittengesetzes zu entziehen. Mich der Herrschaft des
Sittengesetzes zu entziehen – das kann das Sittengesetz aber nie und nimmer gebieten, denn dann
würde es sich selbst widersprechen.

Damit scheint eigentlich alles geklärt. Aber Fichte
macht nun selbst auf einen möglichen Einwand gegen
seine Schlußfolgerung aufmerksam. Genauer gesagt
richtet sich der Einwand gegen die Prämisse, das
gegenwärtige irdische Leben sei die ausschließende
Bedingung meiner Pflicht. Hiergegen, so Fichte, könnte man vielleicht folgendermaßen argumentieren: Ich
glaube an ein Leben nach dem Tod. Demnach beende
ich mein Leben durch die Selbsttötung nicht überhaupt, und folglich entziehe ich mich nicht der Herrschaft des Gesetzes. Ich verändere gewissermaßen nur
die *Art* meines Lebens, ich nehme nur einen Orts-
wechsel vor – wie ich es ja auch in diesem Leben tue
und wohl tun darf.

Natürlich bringt Fichte diesen Einwand nur vor, um ihn zurückzuweisen. Denke ich mich unter dem Gebot des Sittengesetzes, so läuft sein Argument, dann steht es mir auch in diesem Leben nicht frei, meine Lage zu verändern; vielmehr ist das allemal entweder meine Pflicht oder gegen die Pflicht. Denn das Sittengesetz läßt meiner Willkür gar keinen Spielraum: in jeder Lage meines Lebens soll ich entweder oder ich soll nicht. Steht die Sache aber so, dann müßte nicht bloß eine *Erlaubnis* des Sittengesetzes, dieses Leben zu verlassen und in ein anderes hinüberzuwechseln, aufgewiesen werden, sondern geradezu ein *Befehl*. Einen solchen Befehl des Sittengesetzes jedoch erachtet Fichte für unmöglich. Die Argumentationskette, mit der er das dartut, entbehrt nicht einer gewissen Raffinesse. Sie läuft wie folgt: Das Pflichtgebot verlangt nie unmittelbar, daß ich lebe um des Lebens willen – und das gilt sowohl in diesem irdischen als auch in einem möglichen anderen Leben. Vielmehr zielt das unmittelbare Pflichtgebot immer auf eine bestimme *Handlung*: es gebietet mir, so und nicht anders zu handeln. Nun kann ich aber nicht handeln, ohne zu leben. Also gebietet mir die Pflicht zu handeln zugleich auch: zu leben. Demnach könnte mir der Übergang in ein anderes Leben gar nicht unmittelbar, sondern nur mittelbar geboten werden, nämlich durch das Gebot einer bestimmten Handlung, die nicht in dieses irdische Leben fiele, sondern in das andere. So kann es unter keiner Bedingung Pflicht sein, dieses Leben zu verlassen, »außer unter der, daß man eine bestimmte Verrichtung in jenem Leben hätte«. »Dies aber«, davon ist Fichte überzeugt, »wird wohl niemand, der seiner Vernunft noch mächtig ist, behaupten«[165]. Denn bestimmen, was unsere Pflicht ist, das können wir nur aufgrund des uns Bekannten. Und das ist nun mal das gegenwärtige irdische Leben. Wie es in einem möglichen anderen Leben um uns bestellt sein könnte – darüber können wir überhaupt nichts wissen.

So gelangt Fichte zu dem Resultat: »Weit entfernt also, daß das Sittengesetz je mich in ein anderes Leben hinüberweisen sollte, verlangt es immer, und in jeder Stunde meines Lebens, daß ich das gegenwärtige fortsetze, denn in jeder Stunde meines Lebens gibt es etwas für mich zu tun: die Sphäre aber, in der es zu tun ist, ist die gegenwärtige Welt«[166].

Halten wir fest: Für Fichte ist der Selbstmord pflichtwidrig und mithin moralisch verboten. Aber nicht nur der tatsächlich ausgeführte Selbstmord wird von diesem Verdikt betroffen; gleiches gilt nach Fichte bereits für den *Wunsch*, nicht mehr länger zu leben. Allein schon den Wunsch erachtet er für pflichtwidrig: »denn es ist ein Wunsch, nicht länger zu arbeiten, auf dieselbe Art, wie wir allein uns Arbeit denken können: es ist eine der wahren moralischen Denkart entgegengesetzte Neigung, es ist eine Müdigkeit, eine Verdrossenheit, die der moralische Mensch nie in sich soll aufkommen lassen«[167].

Dieser Rigorismus in der Verwerfung des Selbstmords wird Fichte zum Anlaß, auch die *Motive*, aus denen heraus die Menschen sich selbst töten, auf ihre moralische Qualität hin zu befragen. Da gibt es das Motiv, daß man sich aus *Verzweiflung* tötet, weil man meint, nur so die zur Gewohnheit und gleichsam zur anderen Natur gewordenen Laster besiegen zu können. Fichte indessen denunziert eine so verstandene Verzweiflung als eine »unsittliche Denkart«. Wenn man nur recht wolle, meint er, dann könne man auch. Will man sich aus Verzweiflung umbringen, dann gesteht man damit ein, daß man nicht recht will. »Man kann«, schreibt Fichte in diesem Kontext, »das Leben nicht ertragen, ohne Ausübung des Lasters, und will sich mit der Anforderung der Tugend lieber durch den leichteren Tod abfinden, den sie nicht verlangt, als durch die schwerere Pflicht eines unsträflichen Lebens, welches sie verlangt«[168].

Neben diesem Beweggrund kennt Fichte noch jenes bereits von Augustinus in die Diskussion eingeführte Motiv, demzufolge man sich tötet, um nichts Schändliches und Lasterhaftes von anderen erleiden zu müssen. So wie Fichte die Sachlage beurteilt, bietet der Selbstmord in solchen Fällen jedoch keinen Ausweg: »Man flieht dann nur die Ungerechtigkeit, die Gewalttätigkeit, den Schimpf, der uns angetan wird; nicht die Sünde, die man ja nicht selbst begeht, und an dem anderen nicht hindern kann. Man tötet sich, weil uns ein Genuß entzogen wird, ohne welchen wir das Leben nicht ertragen können. Aber dann hat man sich nicht selbst verleugnet, wie man soll, und der Tugend nicht alle übrigen Rücksichten aufgeopfert«[169].

Damit ist für Fichte die Reflexion auf die Gründe, die jemand veranlassen, Hand an sich selbst zu legen, beendet. Das zeigt, daß er offenbar nicht allzu tief in die Motivationslage von Selbstmördern vorgedrungen ist. Aber kann man ihm das zum Vorwurf machen? Wahrscheinlich nicht, denn von seinem rigoristischen Standpunkt aus, demzufolge der Selbstmord grundsätzlich eine moralisch verbotene Handlung darstellt, erübrigt sich eine eingehendere Reflexion auf die motivationale Struktur desjenigen, der seinem Leben ein

Ende setzt oder mit dem Gedanken spielt, es zu tun. Ganz gleich aus welchen Gründen jemand Selbstmord begeht – für Fichte verstößt er damit gegen die erste und fundamentalste Forderung des Sittengesetzes. Und das allein genügt, um die Tat, ja schon den Gedanken, als unsittlich zu brandmarken.

Eine andere, mit der Frage nach der moralischen Erlaubtheit des Selbstmords aber nicht zu verwechselnde Frage ist für Fichte die, ob der Selbstmörder ein Feigling oder ein mutiger Mensch ist. Man ahnt vielleicht schon, in welche Richtung sein Urteil tendieren wird. Dem ersten Anschein nach jedoch sieht es so aus, als könnte er im Selbstmord auch eine mutige Komponente entdecken, sagt er doch, ein mit kalter Besonnenheit ausgeübter Selbstmord sei ein Beweis von Seelenstärke und errege, von dieser Seite her betrachtet, »notwendig Achtung«[170]. Aber besitzt der Selbstmörder deshalb schon Mut? Mut ist für Fichte die Entschlossenheit auf die uns unbekannte Zukunft[171]. Da nun der Selbstmörder für sich alle Zukunft vernichtet, kann man ihm keinen Mut in diesem – für Fichte eigentlichen – Sinn zuschreiben.[172]

So konzediert Fichte durchaus, der Selbstmord erfordere einiges an Seelenstärke. Aber eine noch weit größere erfordert seiner Ansicht nach der Entschluß, ein Leben zu ertragen, das uns von nun an nichts anderes als Leiden erwarten läßt. Akzeptiert das Individuum ein solches Leben, dann erst ist es wahrhaft autonom. Ein solches Leben zu leben – das ist der »Triumph« des Sittengesetzes, das ist »die reinste Darstellung der Moralität«. Denn, so fügt Fichte als Begründung an, »es kann vom Menschen nichts Höheres gefordert werden, als daß er ein ihm uner-

träglich gewordenes Leben dennoch ertrage«[173]. Eben
dieser Mut fehlt dem Selbstmörder, so daß man ihn
aus Fichtes Sicht feige nennen muß.

Auf diese Weise gilt für Fichte das Sittengesetz, das
uns die Erhaltung unseres Lebens zur ersten und obersten Pflicht macht, unbedingt, absolut, ohne Ausnahme. Kein Fall läßt sich denken, in dem es statthaft
wäre, ›gegen das Gesetz zu klügeln‹, wie Kant das
einmal ausgedrückt hat. Wie schlimm auch immer die
Lebensumstände sein mögen, wie groß die Verzweiflung des einzelnen ist, wie sehr ihm das Leben zur
unerträglichen Bürde geworden ist – das alles sind für
Fichte keine Gründe, die einen Verstoß gegen das
unbedingt gebietende Sittengesetz rechtfertigen könnten. Wahre moralische Größe – das ist die Botschaft
der Fichteschen Sittenlehre – beweist sich einzig und
allein im unbedingten Gehorsam gegenüber dem Sittengesetz.

7. Das Leben ist gegen die Persönlichkeit kein Äußerliches: Georg Wilhelm Friedrich Hegel

Hegel (1770-1831) erörtert die Frage, ob es dem Menschen erlaubt ist, sich selbst zu töten, im Rahmen
seiner Rechtsphilosophie. Allerdings wird der Selbstmord nur am Rande thematisch, und Hegel fertigt das
Thema zügig und mit emotionaler Kühle ab. Es sei
gleich vorweg verraten, daß Hegels Darlegungen darauf hinauslaufen, den Selbstmord als moralisch nicht
erlaubt hinzustellen. Damit der spezifische Charakter
seiner Argumentation deutlich wird, bedarf es einiger
vorbereitender Überlegungen.

Der »Boden des Rechts« ist für Hegel »das *Geistige*«. Und der nähere »Ausgangspunkt« des Rechts, das heißt die Grundlage aller Rechtsverhältnisse, ist der *Wille*. Diesen Willen begreift Hegel als *frei*.[174] Worin aber besteht diese Freiheit des Willens? Darin, antwortet Hegel, daß der Wille die »absolute Möglichkeit« hat, von jeder Bestimmung, in der er sich vorfindet oder in die er sich gesetzt hat, »abstrahieren« zu können.[175] Was heißt das konkret? Hegel verdeutlicht das Gemeinte mit zwei Beispielen. Das erste Beispiel entnimmt er dem Bereich des Religiösen, genauer gesagt: er nimmt den, wie er sich ausdrückt, »Fanatismus der indischen reinen Beschauung«, also die Meditation, in den Blick.[176] Hier, so führt Hegel des näheren aus, »wird es für das Höchste gehalten, bloß in dem Wissen seiner einfachen Identität mit sich zu verharren, in diesem leeren Raum seiner Innerlichkeit zu verbleiben, wie das farblose Licht in der reinen Anschauung, und jeder Tätigkeit des Lebens, jedem Zweck, jeder Vorstellung zu entsagen. Auf diese Weise wird der Mensch zu *Brahman*: es ist kein Unterschied des endlichen Menschen und des Brahman mehr; jede Differenz ist vielmehr in dieser Allgemeinheit verschwunden«[177]. In der Meditation also abstrahiert der Wille insofern von allem Bestimmten, als er sich in das allgemeine Brahman auflöst.

Als zweites Beispiel wählt Hegel den Fanatismus des politischen Lebens. Insbesondere steht ihm hierbei die »Schreckenszeit der Französischen Revolution« vor Augen.[178] In solchem Fanatismus wendet sich der Wille der Wirklichkeit zu und abstrahiert insofern von allem Bestimmten, als er die bestehende gesellschaftliche Ordnung zertrümmert und die Individuen, die

116

an der Errichtung dieser Ordnung beteiligt waren, hinweggeräumt.[179]

Hegel will damit sagen: Diese Möglichkeit, von allem Bestimmten abstrahieren zu können, ist ein wesentliches Moment des Willens. Und genau darin liegt, »daß ich mich von allem losmachen, alle Zwecke aufgeben, von allem abstrahieren kann«. Für Hegel schließt das ein: »Der Mensch allein kann alles fallen lassen, auch sein Leben: er kann einen Selbstmord begehen; das Tier kann dieses nicht; es bleibt immer nur negativ; in einer ihm fremden Bestimmung, an die es sich nur gewöhnt«[180].

Diesen Gedanken hat Hegel in § 47 seiner Rechtsphilosophie dahingehend verdeutlicht, daß ich als Person zugleich mein Leben und meinen Körper nur habe »*insofern es mein Wille ist*«[181]. Anders gewendet: »Ich habe diese Glieder, dieses Leben nur insofern ich will; das Tier kann sich nicht selbst verstümmeln oder umbringen, aber der Mensch«[182]. Und im Zusatz zu diesem Paragraphen stellt er noch einmal klar: Die Tiere haben kein Recht auf ihr Leben, weil sie es nicht wollen[183]. Somit bleibt festzuhalten: Die Menschen haben ein Recht auf ihr Leben, weil sie es wollen. Die Frage aber ist: Läßt sich daraus ableiten, daß sie auch ein Recht haben, es in bestimmten Situationen und Lebenslagen nicht mehr zu wollen? Hegel antwortet darauf mit einem kategorischen Nein: Ich als einzelne Person habe zu einer »Entäußerung« meines Lebens »überhaupt kein Recht«[184]. Den Tod kann ich nur »von außen, als eine Natursache« oder im Dienst einer Idee »von fremder Hand« empfangen.[185]

Im Zusatz zu diesem Paragraphen hat Hegel das noch etwas weiter ausgeführt. Dort schreibt er: »Die einzelne Person ist [...] ein Untergeordnetes, das dem sittlichen Ganzen sich weihen muß. Wenn der Staat daher das Leben fordert, so muß das Individuum es geben«. Daran schließt er die Frage an: »Aber darf der Mensch sich selbst das Leben nehmen?« Und darauf gibt er zur Antwort: »Man kann das sich Töten zuvörderst als eine Tapferkeit ansehen, aber als eine schlechte von Schneidern und Mägden. Dann kann es wiederum als ein Unglück betrachtet werden, indem Zerrissenheit des Inneren dazu führt«. Aber die »Hauptfrage« bei all dem ist und bleibt: »Haben wir ein Recht dazu?« Und Hegel meint, die Antwort könne nur sein, »daß ich als dies Individuum nicht Herr über mein Leben bin«. Denn – und in dieser Begründung kommt etwas spezifisch Hegelisches zum Ausdruck – das Leben, das heißt »die umfassende Totalität der Tätigkeit«, ist gegen die Persönlichkeit, die selbst diese umfassende Totalität der Tätigkeit und Lebensäußerung ist, kein »Äußerliches«, das heißt nichts, worüber man wie über andere Dinge ein Verfügungsrecht haben könnte.[186] Somit kann Hegel zusammenfassend formulieren: »Spricht man also von einem Recht, das die Person über ihr Leben habe, so ist dies ein Widerspruch, denn es hieße, die Person habe ein Recht über sich. Dieses hat sie aber nicht, denn sie steht nicht über sich und kann sich nicht richten«.

Die Instanz, an der sich die Frage nach der moralischen Erlaubtheit des Selbstmords auszurichten hat, ist für Hegel also das Leben als die umfassende Totalität der Tätigkeit. Über diese Totalität darf der einzelne, obwohl er es kann, nicht verfügen. Letztlich rührt diese Argumentation daher, daß Hegel solche Totalität als eine der Weisen begreift, in der sich der »*all-gemeine* Geist, der *Geist der Welt*«, realisiert.[187] Hegel bindet somit die Verurteilung des Selbstmords nicht mehr an die Instanz eines persönlichen Gottes im christlichen Verständnis – eines Gottes, der uns das Leben geschenkt hat und der allein bestimmt, wann er es uns wieder nimmt –, sondern an einen Geist der Welt, dessen Recht das »allerhöchste« ist und der dieses Recht an den Individuen »in der *Weltgeschichte, als dem Weltgerichte,* ausübt«[188].

8. Liebäugeln mit dem Nichts:
Arthur Schopenhauer

Einer in der Schopenhauer-Literatur gängigen Charakterisierung zufolge hat man es bei Schopenhauer (1788-1860) mit einem Selbstmörder zu tun, der am Leben blieb. Damit ist nicht gesagt, Schopenhauer sei jemand gewesen, der des öfteren versucht habe, sich umzubringen, dessen Versuche jedoch allesamt fehlgeschlagen wären. Angespielt ist mit dieser Kennzeichnung vielmehr auf das durch und durch pessimistische Weltbild, das Schopenhauer in seinem 1818 erschienenen Hauptwerk *Die Welt als Wille und Vorstellung* entwickelt hat. Aufgrund des Einblicks in das wahre Wesen der Welt – den er, unbescheiden wie er ist, als sein eigen beansprucht – propagiert er hier mit bis dahin kaum gekannter Eindringlichkeit eine völlige Aufgabe, eine mit vollstem Bewußtsein vollzogene Verneinung des Willens zum Leben – und läßt damit seinen Denkansatz in eine Konsequenz einmünden, die er für sich selbst nie gezogen hat. Ohne Frage ist diese finstere Perspektive auf Welt und Leben ein Reflex der düsteren Persönlichkeit des Autors. Aber Schopenhauer ist gerade deshalb der Selbstmörder, der am Leben blieb, weil es ihm gelang, die eigene Melancholie, den tief in seiner Persönlichkeitsstruktur verankerten Pessimismus in ein philosophisches Werk zu übersetzen.

Den Familienmitgliedern war der umwölkte Charakter ihres Arthurs nur zu vertraut. So liegt es auf der Hand, daß sie fürchteten, Arthur könnte sich wie sein Vater Heinrich Floris das Leben nehmen. In einem Brief vom 20. März 1832 warnt ihn beispielsweise seine Mutter Johanna ausdrücklich vor einem solchen Schritt.[189] Und seine jüngere Schwester Adele, selbst nicht frei von düsteren Gedanken, schreibt ihm zum Beispiel einmal (am 27. Oktober 1831): »Keine einzige leidenschaftliche Empfindung bewegt mich, keine Hoffnung, kein Plan – kaum ein Wunsch [...]. Ich lebe ungern, scheue das *Alter*, scheue die mir gewiß bestimmte *Lebenseinsamkeit* [...]. Ich bin stark genug, um diese Öde zu ertragen, aber ich wäre der Cholera herzlich dankbar, wenn sie mich ohne heftige Schmerzen der ganzen Historie enthöbe. Daher ist mir Deine *Angst*, da auch Du Dich unglücklich fühlst, und oft dem Leben entspringen wolltest durch irgend einen Gewaltschritt – seltsam«[190].

Angesichts dieser Tatbestände ist es nicht verwunderlich, daß Schopenhauer dem Selbstmörder viel Verständnis entgegenbringt. Entgegen dem »Lieblingssatz aller gewöhnlichen Köpfe«, daß der, der sich das Leben nehme, verrückt sein müsse, verweist er auf das »mit einer gewissen Bewunderung verknüpfte Erstaunen«, welches eine solche Tat in den »denkenden

Köpfen« hervorruft. Und er erklärt sich das so: Beim Selbstmord werden wir mit einer Tat konfrontiert, die der Natur alles Lebenden – die seiner Ansicht nach ja in ihrem tiefsten Grund *Wille zum Leben* ist – so sehr zuwiderläuft, daß wir den, der sich selbst zu töten vermochte, in gewissem Sinne bewundern müssen. Ja, meint unser Philosoph, wir finden geradezu eine gewisse Beruhigung darin, daß uns in den schlimmsten Fällen dieser Ausweg wirklich offensteht.[191] »Wenn in schweren, grausenhaften Träumen«, hat Schopenhauer in diesem Sinne in seiner unnachahmlich eindringlichen Diktion formuliert, »die Beängstigung den höchsten Grad erreicht, so bringt eben sie selbst uns zum Erwachen, durch welche alle jene Ungeheuer der Nacht verschwinden. Dasselbe geschieht im Traum des Lebens, wann der höchste Grad der Beängstigung uns nötigt, ihn abzubrechen«[192].

Jene schlimmsten Fälle, die einen Menschen veranlassen, zu dieser äußersten Tat zu greifen, können unterschiedlichster Natur sein. Der Selbstmord läßt sich nicht auf nur ein Motiv zurückführen. Will man das Phänomen angemessen begreifen, wird man die heterogensten Motivlagen in die Überlegungen einzubeziehen haben. Schon Schopenhauer hat darauf hingewiesen, man könne kein Unglück angeben, das groß genug wäre, um den Selbstmord mit einiger Wahrscheinlichkeit bei jedem Charakter herbeizuführen. Und nur wenige Motive seien so klein, daß nicht ihnen gleichwiegende ihn schon veranlaßt hätten.[193] Schopenhauer fällt es nicht schwer, dies zu erklären, läßt es sich doch ohne irgendwelche gedanklichen Verrenkungen aus seiner Handlungstheorie ableiten. Dieser Theorie zufolge wirkt kein Motiv an sich selbst unwiderstehlich, hat keines unbedingte Gewalt über den Willen und den Charakter des Menschen. Vielmehr kann jedes Motiv möglicherweise durch ein stärker wirkendes Gegenmotiv überwogen werden, wenn es vorhanden ist und der betreffende Mensch sich durch es bestimmen läßt. So kann beispielsweise das für gewöhnlich stärkste Motiv – die Erhaltung des eigenen Lebens – durchaus von anderen Motiven überwogen werden – was am offensichtlichsten beim Selbstmord und bei der Aufopferung des eigenen Lebens der Fall ist.[194]

Dem Blick auf die möglichen Motive für einen Selbstmord wird damit ein weites Feld eröffnet. So kann ein Selbstmord durchaus allein aufgrund eines äußeren Anlasses hervorgerufen werden. Aus Schopenhauers Sicht dürfte das allerdings nur selten der Fall sein. Mehr wohl liegt dem Selbstmord dann »ein gewisses körperliches Mißbehagen« zugrunde; und entsprechend dem Grad, den es erreicht, ist dann nur noch ein kleinerer oder größerer Anlaß von außen erforderlich, um den Betreffenden die äußerste Tat ausführen zu lassen.[195] Überhaupt fällt auf, daß Schopenhauer bei der Suche nach Motiven für den Selbstmord wiederholt auf somatische Befunde zurückgreift, die im Verein mit psychischen Befindlichkeiten ein durchaus zufriedenstellendes Erklärungsmuster an die Hand geben. So gibt es für Schopenhauer ohne Zweifel so etwas wie angeborene *dyskolia*, eine angeborene Mürrischkeit also. Kommt nun noch eine krankhafte Affektion des Nervensystems oder der Verdauungswerkzeuge dazu, dann kann beides zusammen einen so hohen Grad erreichen, daß dauerndes Mißbehagen Lebensüberdruß erzeugt und ein

Hang zum Selbstmord entsteht. Den Selbstmord vermögen dann selbst die geringsten Unannehmlichkeiten zu veranlassen; »ja bei den höchsten Graden des Übels bedarf es derselben nicht einmal, sondern bloß infolge des anhaltenden Mißbehagens wird der Selbstmord beschlossen und alsdann mit so kühler Überlegung und fester Entschlossenheit ausgeführt, daß der meistens schon unter Aufsicht stehende Kranke, stets darauf gerichtet, den ersten unbewachten Augenblick benutzt, um ohne Zaudern, Kampf und Zurückbeben jenes ihm jetzt natürliche und willkommene Erleichterungsmittel zu ergreifen«[196]. Gerade diejenigen, die aus krankhaft tiefer Mißstimmung zum Selbstmord getrieben werden, kostet er Schopenhauer zufolge so gut wie gar keine Selbstüberwindung. Sie, so sagt er, »brauchen gar keinen Anlauf zu nehmen, sondern, sobald der ihnen beigegebene Hüter« – und hier bezieht sich Schopenhauer ohne Frage auf Platons Ausführungen im *Phaidon* – »sie auf zwei Minuten allein läßt, machen sie rasch ihrem Leben ein Ende«[197].

Aber es gibt auch das andere Extrem: nämlich daß sich selbst der gesündeste und vielleicht auch heiterste Mensch zum Selbstmord entschließt – eben dann, wenn die Leiden ein derartiges Maß erreichen oder wenn ein unabwendbares Unglück die Schrecken des Todes überwältigt. Hier resultiert der Selbstmord dann nicht aus krankhafter Steigerung einer angeborenen Mürrischkeit, sondern »ganz aus objektiven Gründen«. Zwischen beiden Extremen freilich gibt es, darüber ist sich Schopenhauer völlig im klaren, unzählige Abstufungen.[198] Diese sind im einzelnen möglicherweise schwer zu erklären; aber das ist ja letztlich nur ein Reflex des Tatbestands, daß das menschliche Gemüt »Tiefen, Dunkelheiten und Verwickelungen« hat, »welche aufzuhellen und zu entfalten von der äußersten Schwierigkeit ist«[199].

Angesichts dieses Respekts, den Schopenhauer dem Selbstmörder zollt, liegt es nahe, wenn er das Ansinnen der »Kriminaljustiz«, den Selbstmord zum Verbrechen zu stempeln und unter Strafe zu stellen, als »entschieden lächerlich« brandmarkt: »denn welche Strafe kann den abschrecken, der den Tod sucht?« Bestrafen, meint er, könne man bestenfalls den *Versuch* zum Selbstmord. Aber dabei bestrafe man eigentlich nicht so sehr den Selbstmord als solchen, sondern mehr die Ungeschicklichkeit, durch die die Tat mißlang.[200] Erst recht erbost zeigt er sich über das vielerorts gehandhabte Verfahren, dem Selbstmörder nur ein »schimpfliches Begräbnis« zuteil werden zu lassen – was, wie wir wissen, bereits Platon in seinem Gesetzeswerk anordnete.

Für Schopenhauer ist es letztlich der ›christlichen Geistlichkeit‹ zuzuschreiben, daß der Selbstmord im christlichen Abendland als Verbrechen angesehen wird. Diesbezüglich fällt ihm jedoch zunächst auf, daß sich weder im Alten noch im Neuen Testament ein Verbot oder auch nur eine entschiedene Mißbilligung des Selbstmords finden läßt. Daher müssen diejenigen, die, auf christlichem Boden stehend, den Selbstmord verpönen, dies auf ihre eigenen philosophischen Gründe zu stützen suchen.[201] Schopenhauer zufolge wird dabei in der Regel folgendes Argument zum Einsatz gebracht: In seinem Innersten trägt das Christentum die Wahrheit, das Leiden sei der eigentliche Zweck des Lebens. Da nun der Selbstmord diesem Zweck entgegensteht und ihn vereitelt, ist er zu verwerfen. Schopenhauer indessen erkennt das nicht als einen haltbaren moralischen Grund an, um den Selbstmord zu verdammen. Der »Eifer der Geistlichkeit monotheistischer Religionen« gegen den Selbstmord muß demnach einen anderen Grund haben. Schopenhauer entdeckt ihn darin, daß die Selbsttötung, das freiwillige Aufgeben des Lebens, offensichtlich »ein schlechtes Kompliment« ist für den, der, wie es in der Genesis heißt (1. Mos. 1, 31), gesagt hat: »Alles war sehr gut«. So wäre es denn letzten Endes, wie Schopenhauer seine Einstellung zusammenfaßt, »der obligate Optimismus dieser Religionen, welcher die Selbsttötung anklagt, um nicht von ihr angeklagt zu werden«[202].

Und auch die Gründe, die Kant gegen den Selbstmord ins Feld geführt hat, weist Schopenhauer zurück. Für ihn sind das, wie wir oben bereits zur Kenntnis genommen haben, nichts als »seichte Argumente« und »Armseligkeiten, die nicht einmal eine Antwort verdienen«. Und weiter heißt es dann bei Schopenhauer: »Wenn es wirklich echte moralische Motive gegen den Selbstmord gibt, so liegen diese jedenfalls sehr tief und sind nicht mit dem Senkblei der gewöhnlichen Ethik zu erreichen; sondern gehören einer höhern Betrachtungsweise an«[203]. Hier mag man stutzig werden – eröffnet Schopenhauer nun doch selbst die Möglichkeit, es könnte stichhaltige Gründe gegen den Selbstmord geben. In Anbetracht dieser Sachlage wird man sich verwundert die Augen reiben und mit Recht fragen: Wie geht denn das zusammen mit der Verteidigung des Selbstmords gegen Angriffe von unterschiedlichsten Seiten? Wie verträgt sich das mit der Kritik an denjenigen Über-

zeugungen, die den Selbstmord als Verbrechen brandmarken? Für Schopenhauer indessen liegt hier nichts
weniger als ein Widerspruch vor. Zunächst einmal ist
seine Aussage ernst zu nehmen, daß es sich bei den
möglichen Gründen gegen den Selbstmord um »echte
moralische Gründe« handeln muß. Und damit ist
gesagt: Solche Gründe zielen bei Schopenhauer nicht
auf eine Verurteilung des Selbstmörders in dem Sinn,
wie es bei den bislang angeführten Ansichten der Fall
ist, stempeln ihn nicht zum Irren und Verbrecher.
Sondern, worauf er mit dieser Differenzierung hin-
auswill, ist, daß sich aus dem Blickwinkel seiner
Metaphysik des Willens zum Leben betrachtet der
Selbstmord als ein letztlich vergebliches Unterfangen
erweist, um sich dem Leben und dem ihm wesentlichen Leiden zu entziehen – und zwar deshalb, weil es
sich beim Selbstmord um einen Akt handelt, der nicht
weit genug geht, der, anders gesagt, die eigentliche
Dimension, in der die Entscheidung über Sein oder
Nichtsein nach Schopenhauer zu fällen ist, gar nicht
erreicht.

Was es hiermit auf sich hat, gilt es nun etwas zu
verdeutlichen. Dabei ist davon auszugehen, daß
Schopenhauers Denkansatz die Vielzahl der sichtbaren Dinge als Erscheinungen eines zugrundeliegenden
Willens zum Leben begreift. Dieser eine Wille zum
Leben ist ein metaphysisches, der erfahrbaren Welt
gegenüber transzendentes Prinzip, das aber insofern
mit ihr verbunden ist, als es sich in der Vielheit der
Dinge darstellt, in ihnen sichtbar wird, sich in ihnen
objektiviert, wie Schopenhauer sich bevorzugt auszu-
drücken pflegt. Es ist demnach *ein* Wille, der in den
vielen Dingen, die unsere Welt bilden, in Erscheinung

tritt. Und eben weil es *ein* Wille ist, der in der Vielheit sichtbar wird, deutet Schopenhauer das Weltgeschehen als *Selbstentzweiung* dieses einen Willens zum Lebens. Dem einen Willen zum Leben ist demnach eine Entzweiung mit sich selbst spezifisch. Und das heißt, bei allen Aktionen, in denen eine Willenserscheinung mit einer anderen in Konflikt gerät, verletzt sich im Grunde der Wille zum Leben selbst, schlägt er, wie Schopenhauer mit einem drastischen Bild klar macht, »im heftigen Drange die Zähne in sein eigenes Fleisch«[204].

Dieser Sachverhalt ist es, von dem Schopenhauer die These ableitet, alles Leben sei wesentlich Leiden[205] und der Pessimismus die einzig angemessene Perspektive auf Welt und Leben. Dieser Pessimismus führt ihn schon in seinem frühen Hauptwerk *Die Welt als Wille und Vorstellung* zur Formulierung der Behauptung, das Nichtsein sei dem Sein entschieden vorzuziehen. Nur: Wie wäre das zu bewerkstelligen? Hier nun kommt seine Differenzierung zwischen Selbstmord und der von ihm geforderten *Verneinung* des Willens zum Leben zum tragen, eine Differenzierung, die darauf hinausläuft, den Selbstmord als ein untaugliches Verfahren, um vom Willen zum Leben loszukommen, zu erweisen. Und der Selbstmord ist dazu deshalb ungeeignet, weil er im Grunde nur eine einzelne Erscheinung des Willens zum Leben, den Leib, zerstört, den Kern dieser Erscheinung hingegen, den Willen zum Leben selbst, unangetastet läßt. Hinter dieser Sichtweise steht bei Schopenhauer der Gedanke, daß es sich bei dem Willen zum Leben als dem metaphysischen Prinzip aller Dinge um einen außerräumlichen und außerzeitlichen Willen zum Leben handelt.

Alle Erscheinungen unserer raumzeitlichen Welt enthalten diesen als ihren innersten unvergänglichen Kern in sich. Demnach ist der Wille zum Leben immer da. Er ist das in allen Veränderungen beharrende metaphysische Substrat dieser Veränderungen; er ist das beständig Gegenwärtige. Folglich sind Leben und Wille zum Leben unzertrennlich miteinander verbunden. Und die Form des Lebens ist die Gegenwart, ist das beständige Hier und Jetzt. Damit dürfte einsichtig werden, daß man sich vom Leben nur befreien kann mittels konsequenter Verneinung des Willens zum Leben. Und eben die, so behauptet Schopenhauer, wird durch den Selbstmord gerade nicht erreicht, denn durch ihn wird lediglich eine einzelne Erscheinung des Willens aufgehoben, nicht jedoch dieser selbst.

Ja, streng genommen dringt, wie Schopenhauer die Sache darstellt, der Selbstmörder gar nicht auf eine Verneinung des Willens zum Leben. Ganz im Gegenteil! Für Schopenhauer nämlich erweist sich der Selbstmord im letzten als Ausdruck einer starken *Bejahung* des Willens zum Leben! Was hier auf den ersten Blick möglicherweise paradox daherkommt, erweist sich bei näherem Hinsehen als Resultat einer höchst subtilen Analyse der psychischen Befindlichkeit des Selbstmörders. Lassen wir diesbezüglich Schopenhauer selbst zu Wort kommen. »Weit entfernt«, schreibt er in dem der Ethik gewidmeten vierten Buch seines Hauptwerks, »Verneinung des Willens zu sein, ist dieser [sc. der Selbstmord] ein Phänomen starker Bejahung des Willens. Denn die Verneinung hat ihr Wesen nicht darin, daß man die Leiden, sondern daß man die Genüsse des Lebens verabscheuet. Der

128

Selbstmörder will das Leben und ist bloß mit den Bedingungen unzufrieden, unter denen es ihm gewor- den. Daher gibt er keineswegs den Willen zum Leben auf, sondern bloß das Leben, indem er die einzelne Erscheinung zerstört. Er will das Leben, will des Leibes ungehindertes Dasein und Bejahung; aber die Verflechtung der Umstände läßt dieses nicht zu, und ihm entsteht großes Leiden. Der Wille zum Leben selbst findet sich in dieser einzelnen Erscheinung so sehr gehemmt, daß er sein Streben nicht entfalten kann«[206]. Welcher Ausweg nun bietet sich dem Selbstmörder in einer solchen Situation? Für Scho- penhauer liegt die Antwort auf der Hand: die Vernich- tung seines Leibes, also die Aufhebung einer einzelnen Erscheinung des Lebenswillens: »Eben weil der Selbstmörder nicht aufhören kann zu wollen, hört er auf zu leben, und der Wille bejaht sich hier eben durch die Aufhebung seiner Erscheinung, weil er sich anders nicht mehr bejahen kann«[207].

Halten wir fest: Im Phänomen des Selbstmords dokumentiert sich für Schopenhauer eine starke Bejahung des Willens zum Leben, die nur mit den Umständen, unter denen der Betreffende lebt, unzu- frieden ist und dem Willensdrang durch Aufhebung der körperlichen Erscheinung zu entkommen hofft. Für Schopenhauer gleicht der Selbstmörder in dieser Hinsicht einem Kranken, »der eine schmerzhafte Ope- ration, die ihn von Grund aus heilen könnte, nach- dem sie angefangen, nicht vollenden läßt, sondern lieber die Krankheit behält. Das Leiden naht sich und eröffnet als solches die Möglichkeit zur Verneinung des Willens; aber er weist es von sich, indem er die

Erscheinung des Willens, den Leib zerstört, damit der Wille ungebrochen bleibe«[208].

Wie aber wäre der Wille selbst zu brechen? Nach Schopenhauer eigentlich nur durch *Askese*, die aus dem Einblick in die von Leiden übervolle Welt entspringt und, aufs höchste gesteigert, in einen freiwillig gewählten Hungertod einmündet. Hier, meint Schopenhauer, könne die gänzliche Verneinung des Willens den Grad erreichen, »wo selbst der zur Erhaltung der Vegetation des Leibes durch Aufnahme von Nahrung nötige Wille wegfällt. Weit entfernt, daß diese Art des Selbstmords aus dem Willen zum Leben entstände, hört ein solcher völlig resignierter Asket bloß darum auf zu leben, weil er ganz und gar aufgehört hat zu wollen. Eine andere Todesart als die durch Hunger ist hierbei nicht wohl denkbar [...], weil die Absicht, die Qual zu verkürzen, wirklich schon ein Grad der Bejahung des Willens wäre«[209]. Einzig eine solche durch konsequente Askese initiierte Verneinung also ist es, die den Willen zum Leben brechen und ihn aufheben kann – und eben nicht der ›gewöhnliche aus Verzweiflung entsprungene freiwillige Tod‹ – wobei Schopenhauer allerdings selbst anmerkt, daß es zwischen beiden durchaus »mancherlei Zwischenstufen und Mischungen« geben könne.[210]

Allein in solcher Verneinung kommt für Schopenhauer die *Freiheit* zum Ausdruck, die dem Menschen als intelligiblem Wesen eignet. Empirisch gesehen ist der Mensch nach Schopenhauers Dafürhalten in all seinem Handeln durch und durch determiniert. Aber sein intelligibler Charakter – das ist sein Wille an sich – ist frei. Und diese Freiheit kann sich, wie Schopenhauer das sieht, allein im Akt der Verneinung des Willens zum Leben äußern. Nur dann, wenn jemand über die als Leiden erkannte Welt und über das in diese leiderfüllte Welt eingebundene eigene Dasein mit der Verneinung des Willens die Entscheidung fällt, beweist sich menschliche Freiheit. Freiheit gibt es für Schopenhauer nur in dieser äußersten Entscheidung. So ist für ihn zwar nicht der Selbstmord, wohl aber die Verneinung des Willens die Signatur der Freiheit.

Entscheidend bei all dem ist, daß Schopenhauer trotz der Unterscheidung zwischen Verneinung des Willens zum Leben und Selbstmord im üblichen Verständnis und seinem Plädoyer für die in der Askese fundierte gänzliche Aufgabe des Lebenswillens den Selbstmord nicht unter Heranziehung irgendwelcher Scheingründe einfach verdammt. Er vielmehr ist der Ansicht, wenn es überhaupt einen Grund gebe, der gegen den Selbstmord spreche, dann könne es nur der von ihm dargelegte asketische sein. Dieser Grund aber gilt »nur von einem viel höheren ethischen Standpunkt aus als der, den europäische Moralphilosophen jemals eingenommen haben. Steigen wir aber von jenem sehr hohen Standpunkt herab, so gibt es keinen haltbaren moralischen Grund mehr, den Selbstmord zu verdammen«[211]. Das ist eine klare und unmißverständliche Aussage.

Aber es bleibt ein Problem: Die Grenze zwischen dem freiwilligen asketischen Hungertod, durch den die Verneinung des Willens zum Leben bewerkstelligt wird, und dem Selbstmord im gewöhnlichen Verständnis ist natürlich nicht exakt bestimmbar – sofern es hier überhaupt eine Grenze gibt. Denn es darf bezweifelt werden, ob durch die Verneinung des Willens zum Leben in einem einzelnen Individuum tatsächlich der Wille zum Leben als solcher betroffen wird, so daß das in letzter Konsequenz zu einer universalen Erlösung der Welt vom durch den Willen verursachten Leiden führt. In seinem Hauptwerk hat Schopenhauer sich dieser Hoffnung tatsächlich hingegeben. Wenn der Wille zum Leben als solcher aufgehoben wird, dann, so meinte er, sei auch das leidvolle Dasein aufgehoben – eine Aufhebung, die für ihn gleichbedeutend ist mit einem Übergang ins *Nichts*, ins *Nirwana* der Buddhisten: »Kein Wille: keine Vorstellung, keine Welt. Vor uns bleibt allerdings nur das Nichts«, heißt es lapidar gegen Ende der *Welt als Wille und Vorstellung*.[212] Aber letztlich muß sich auch Schopenhauer eingestehen, daß die Sache doch noch vertrackter sein könnte, als er es hier suggerieren möchte bzw. als er in diesem Stadium seines Denkens selbst glaubte. Im Grunde nämlich muß er sich mit einem Problem konfrontiert sehen, auf das er eingestandenermaßen selbst keine schlüssige Antwort zu geben weiß.[213] So erweist sich die Schopenhauersche Trennung zwischen der Verneinung des Willens zum Leben und dem Selbstmord als eine recht konstruierte Grenzziehung, für die sich *innerhalb* des Schopenhauerschen Systems durchaus Gründe anführen lassen, die aber, was das Phänomen der Selbsttötung als solches angeht, wenig plausibel ist.

9. Selbstmord als Kampf des Glückseligkeitstriebs mit sich selbst: Ludwig Feuerbach

Am 28. Juli 1804 – am 12. Februar des Jahres war Kant gestorben – wurde Ludwig Feuerbach in Landshut geboren. Sein Vater war Paul Johann Anselm Ritter von Feuerbach, seit 1817 Präsident des Appellationsgerichts in Ansbach und Autor einer 1832 veröffentlichten und viel beachteten Analyse des Falles Kaspar Hauser: *Caspar Hauser. Beispiel eines Verbrechens am Seelenleben des Menschen*. Zu diesem Zeitpunkt hatte es auch sein Sohn Ludwig bereits zu einiger Berühmtheit gebracht. 1830 nämlich hatte der anonym eine Schrift mit dem Titel *Gedanken über Tod und Unsterblichkeit* publiziert, in der er den Glauben an die persönliche Unsterblichkeit angriff. Klar, daß das Buch sofort verboten und konfisziert wurde. Als herauskam, wer der Autor des Buchs war, konnte auch die Bekanntheit des Vaters nichts daran ändern, daß alle Versuche des Sohnes, eine akademische Anstellung oder eine Berufung auf eine Professur zu erhalten, zunichte gemacht wurden. Das alles jedoch hielt Ludwig Feuerbach nicht davon ab, den mit jener Schrift eingeschlagenen Denkweg weiter zu verfolgen. Resultat seiner Überlegungen war *Das Wesen des Christentums*, ein Buch, das 1841 erschien und rasch zu einem Klassiker der Religionskritik avancierte. Die These, die Feuerbach dort stark machte, besagte nichts weniger, als daß Religion nichts anderes sei als eine Projektion menschlicher Sehnsüchte und Wünsche auf ein anderes Wesen – nämlich auf Gott –, das man als frei von all den Unvollkommenheiten begreift, die für uns Menschen charakteristisch sind. Religiöse Menschen waren von dieser Reduktion der Theologie auf Anthropologie schokkiert. Auf andere wirkte die Schrift geradezu befreiend – so auf Karl Marx und Friedrich Engels. Letzterer schreibt rückblickend: »Man muß die befreiende Wirkung dieses Buchs selbst erlebt haben, um sich eine Vorstellung davon zu machen. Die Begeisterung war allgemein: Wir waren alle momentan Feuerbachianer«[214].

Nach dieser Vorgeschichte dürfte es nicht mehr überraschen, daß Feuerbach, wenn er auf den Selbstmord zu sprechen kommt, jegliche religiös verbrämte Argumentationsstrategie vermeidet. Feuerbach thematisiert unser Problem in einer kleinen, zwischen 1867 und 1869 entstandenen Schrift mit dem Titel *Zur Ethik: Der Eudämonismus*.[215] In ihr versucht Feuerbach ein ethisches Konzept zu entwickeln, das die Eudämonie, die Glückseligkeit des einzelnen, ins Zentrum rückt. Seine Grundthese lautet: Der Trieb nach Glückseligkeit »ist der Ur- und Grundtrieb alles dessen, was lebt und liebt, was ist und sein will«[216]. Allem, was lebt, eignet dieser Grundtrieb. Jedes Lebewesen ist darauf aus, Schmerz zu vermeiden und lustvolle, angenehme Zustände zu suchen. »Wenn die Raupe«, führt Feuerbach als Beispiel an, »nach langem vergeblichen Suchen und anstrengendem Wandern endlich bei der erwünschten, entsprechenden Pflanze zur Ruhe kommt – was hat sie in Bewegung gesetzt, was sie zu dieser mühseligen Wanderung bewogen, was ihre Muskeln abwechselnd zusammengezogen und ausgestreckt? Nur der Wille, nicht vor Hungersnoth elendiglich zu verkümmern und zu verschmachten, oder, genauer gesprochen, nur die Lebensliebe, der Selbsterhaltungstrieb, der Glückseligkeitstrieb«[217]. Der Glückseligkeitstrieb ist *der* Grundtrieb alles Lebenden: »Was lebt«, schreibt Feuerbach, »liebt, wenn auch nur sich, sein Leben; will leben, weil es lebt, sein, weil es ist; aber, wohlgemerkt! nur wohl, gesund, glücklich sein:

denn nur Glücklichsein ist Sein im Sinne eines lebenden, empfindenden, wollenden Wesens, ist gewolltes, geliebtes Sein«[218]. Nicht auf die pure Faktizität des Daß-Seins kommt es demnach an, sondern auf ein Wohl-Sein, ein Gesund-Sein, ein Glückselig-Sein. Wille zum Leben heißt demnach: Wille zum Glückselig-Sein.

Wenn dem so ist, wie läßt sich dann aber erklären, daß Menschen auch das Üble, das heißt das dem Glückseligkeitstrieb Widersprechende, wollen können? Feuerbachs Antwort hierauf besagt: Wenn jemand sich zu einem Übel, also zu einer der Glückseligkeit widersprechenden Handlung entschließt, dann rührt das daher, daß dieses Übel im Vergleich zu demjenigen Übel, das er vermeiden oder beseitigen will, als ein Gut erscheint, das heißt als ein Gut vorgestellt und empfunden wird. Der »auffallendste und zugleich radicalste, stärkste Widerspruch« zum Glückseligkeitstrieb ist für Feuerbach natürlich der Selbstmord.[219] Sich selbst zu töten – dazu gehört aus Feuerbachs Sicht eine enorme Willensstärke, werden doch durch diese Tat all die Bande, die den einzelnen auch in den größten Leiden und übelsten Zuständen noch immer an das Leben fesseln, gewaltsam zerrissen. »Welch schreckliche Gemüthsbewegungen und Kämpfe«, meint Feuerbach, müssen im Selbstmörder ablaufen, ehe er zur unwiderruflichen Tat schreitet. Und dennoch ist »dieser Kampf zwischen Tod und Leben« letztlich nur ein Kampf des Glückseligkeitstriebs mit sich selbst, genauer gesagt ein Kampf, in dem der den Tod als den ärgsten Menschenfeind verabscheuende Glückseligkeitstrieb mit dem den Tod als letzten Freund umarmenden Glückseligkeitstrieb kämpft. So erweist sich selbst noch der letzte Akt des Menschen, der Akt, durch den er seinem Leben freiwillig ein Ende setzt und alles aufgibt, als eine Äußerung des Glückseligkeitstriebs – freilich als sein letzter und äußerster. Seinen Glückseligkeitstrieb befriedigen, das kann der Selbstmörder nach Feuerbachs Interpretation – andere, wie E. M. Cioran beispielsweise, werden ähnlich argumentieren – einzig dadurch, daß er Abschied vom Leben nimmt. So kann Feuerbach denn schreiben: »Der Selbstmörder will nicht den Tod, weil er ein Uebel, sondern weil er das Ende seines Uebels und Unglücks ist; er will und wählt den Tod, das dem Glückseligkeitstrieb Widersprechende, nur weil es das einzige, wenn auch nur vielleicht in seiner Vorstellung einzige, Heilmittel ist wider bereits bestehende oder auch nur befürchtete unausstehliche, unerträgliche Widersprüche mit seinem Glückseligkeitstriebe«[220].

Der Mensch, will Feuerbach mit seinen Ausführungen sagen, ist ein natürliches, ein empfindendes, ein sinnliches Wesen, dem es um nichts mehr zu tun ist als um sein Wohlergehen und seine Glückseligkeit. Ist diese Glückseligkeit dauerhaft bedroht, lassen sich für den einzelnen in seiner spezifischen Lebenslage keine rettenden Auswege mehr erkennen, dann bleibt ihm nach Feuerbach nur noch, durch einen finalen Akt den Trieb nach Glückseligkeit ein letztes Mal zu befriedigen. So ist bei Feuerbach zwar nicht expressis verbis von der moralischen Erlaubtheit des Selbstmords die Rede, implizit jedoch dürfte das in seinen Ausführungen enthalten sein. Denn wenn alles darauf ankommt, dem Glückseligkeitstrieb Befriedigung angedeihen zu lassen, dann muß auch der äußerste Akt erlaubt sein, durch den solche Befriedigung erlangt werden kann.

10. Der Selbstmord als »krasseste Selbstsucht«: Eduard von Hartmann

Wollen ist unvernünftig, das Dasein ist elend, die Summe der Unlust in der Welt überwiegt bei weitem die Summe der Lust – das sind Ansichten, die einem von Schopenhauer her bestens vertraut sind. Wen wundert es da, daß sie sich gleicherweise auch bei einem seiner »Schüler« – den Begriff Schüler hier in einem weiten Sinn genommen – finden: nämlich bei Eduard von Hartmann. Von Hartmann, 1842 geboren, stand zunächst als Offizier in preußischen Diensten, bevor er sich in Berlin als Privatgelehrter niederließ und mit seiner 1869 publizierten *Philosophie des Unbewußten* einen philosophischen Bestseller landete.

Wenn er in diesem Werk das Elend der Welt und die Leiden des Individuums an dieser Welt schildert, steht er seinem Lehrmeister in nichts nach. Glück ist machbar, wird behauptet; ja, im Grunde ist es auf der jetzigen Entwicklungsstufe der Welt erreicht und folglich ist es jedem einzelnen *in diesem Leben* erreichbar – eine solche Parole entbehrt für von Hartmann jeglicher realen Grundlage. Für ihn ist das nichts weiter als eine Illusion. Nun gut, wenn es denn mit dem Glück auf dieser Welt nichts ist, dann vielleicht in einem anderen, *jenseitigen* Leben? Aber die Glückshoffnung in ein transzendentes Leben nach dem Tod zu verlagern, das hält von Hartmann für nichts anderes als ein weiteres Stadium der Illusion. Also bliebe noch die Behauptung, das Glück liege in der *Zukunft* des Weltprozesses. Aber gerade sie hängt nach von Hartmann haltlos in der Luft. Hier erreicht die Illusion ihr drittes und letztes Stadium.

Wenn es also mit all dem nichts ist, wenn der einzelne sein Glück weder in dieser Welt, noch in einer transzendenten, noch in der Zukunft des Weltprozesses finden wird – was bleibt ihm dann noch? Ist die allein schlüssige Folgerung hieraus nicht die sofortige und unwiderrufliche Selbstauslöschung? Dem ersten Anschein nach ja. Wie es aussieht, scheint sich die Aufgabe des individuellen Daseins, der Selbstmord, als notwendige Konsequenz geradezu aufzudrängen, sobald der illusionäre Charakter der drei Glückshoffnungen einmal erkannt ist. Und so stellt Eduard von Hartmann fest: »Sowohl der lebensüberdrüssige Heide, als auch der an der Welt und seinem Glauben zugleich verzweifelnde Christ müssen sich consequenterweise entleiben, oder, wenn sie, wie Schopenhauer, durch dieses Mittel den Zweck der Aufhebung des individuellen Daseins nicht zu erreichen glauben, müssen sie wenigstens ihren Willen vom Leben abwenden in Quietismus und Enthaltsamkeit oder auch Askese«[221].

Wer daraus nun aber ableitet, von Hartmann plädiere für die ethische Erlaubtheit des Selbstmords, befindet sich im Irrtum. Von Hartmann zeigt sich vielmehr als ein entschiedener Gegner jeglicher individueller Selbstauslöschung – wobei der Akzent bei ihm hierbei auf dem Moment des Individuellen liegt. Sich vom Leben abwenden, ein Leben in Quietismus und Enthaltsamkeit oder Askese führen, oder sich gar selbst töten – in all diesen Verhaltensweisen kommt nach von Hartmann nichts anderes zum Ausdruck als »die crasseste Selbstsucht«, als ein ›höchst verfeinerter Epikureismus‹, »der nur durch instinctwidrige Lebensanschauung eine instinctwidrige Richtung genommen hat«[222]. Quietismus, Enthaltsamkeit, Askese, Selbstmord: das alles sind für von Hartmann Rückzugsgefechte, durch die sich das ›liebe Ich‹, wie er sagt, aus der Unbehaglichkeit des Daseins zu »salvieren« sucht.[223] »Bei allem Quietismus«, so kann man bei ihm lesen, »mag er nun mit viehischer Trägheit in Fressen und Saufen sich begnügen, oder in idyllischem Naturgenuss aufgehen, oder im natürlichen oder künstlichen (durch Narkotika erzeugten) Halbtraum passiv in den Bildern einer willig strömenden Phantasie schwelgen, oder im verfeinerten Luxusleben receptiv mit den ausgesuchtesten Bissen der Künste und Wissenschaften die Langeweile vertreiben, bei alle diesem Quietismus liegt der epikuräische Grundzug auf der Hand: die Sucht, das Leben auf die der individuellen Constitution behaglichste Weise mit einem Minimum von Anstrengung und Unlust hinzubringen, unbekümmert um die dadurch verletzten Pflichten gegen die Mitmenschen und gegen die Gesellschaft«[224].

Ähnlich wertet er die Askese, die doch das genaue Gegenteil des Egoismus zu sein scheint. Auch ihr – und man kann hierin mit Fug und Recht eine Vorwegnahme der Nietzscheschen Entlarvungsstrategie erblicken – liegt aus der Sicht von Hartmanns letztlich eine *egoistische* Motivation zugrunde. Denn wie steht es um die vielgepriesene christliche Askese wirklich, fragt er. Und er antwortet: Sie ist immer egoistisch, hofft der Asket doch auf Belohnung in der individuellen Unsterblichkeit. Aber auch von diesem christlichen Hintergrund losgelöst gilt: Der Asket hofft, »durch zeitweilige Uebernahme eines gewissen Schmerzes die Abkürzung der Lebensqual und die individuelle Befreiung von jeder Fortsetzung des Lebens nach dem Tode (Wiedergeburt u.s.w.) zu erlangen«[225]. Erst recht kann man das alles auch vom Selbstmörder behaupten. Ihm, so führt von Hartmann aus, ist es einzig und allein darum zu tun, sich von *seinem* Elend zu erlösen, *sein* Dasein abzuschütteln, *sein* Ich zu salvieren – sei es auch durch eine Tat, die gerade dieses Ich zerstört. Ebenso wie im Quietismus, in der Enthaltsamkeit und der Askese liegt auch im Fall des Selbstmords nur ein »klug berechnender Egoismus ohne jeden ethischen Werth« vor. Ein solcher Egoismus aber ist in allen solchen Lebenslagen »unsittlich«, »wo ihm noch nicht jede Möglichkeit abgeschnitten war, seinen Pflichten gegen seine Angehörigen und die Gesellschaft zu genügen«[226].

So operiert auch von Hartmann bei seinem Bestreben, den Selbstmord als unsittlichen Akt hinzustellen, mit dem der neuzeitlichen Diskussion wohlvertrauten Argument der Pflichtvernachlässigung gegen Angehörige und die Gesellschaft. Aber darüber hinaus schwingt bei ihm noch ein ganz anderes Motiv mit. Für ihn nämlich ist es ein Unding, daß, wie Schopenhauer gemeint hatte, der Verneinungsakt eines einzelnen Individuums ausreiche, um den Willen zum Leben insgesamt stillzustellen und die Welt ins Nichts übergehen zu lassen. Zwar ist auch von Hartmann ganz entschieden der Auffassung, nach dem Durchschauen der drei genannten Illusionen werde die Menschheit nichts mehr erstreben als ›absolute

Schmerzlosigkeit‹, das heißt das Nichts, das Nirwana.[227] Aber es ist eben *die Menschheit als ganze*, die von Hartmann auf dieses Ziel hinsteuern sieht, und eben nicht nur vereinzelte Individuen. Erst wenn die Menschheit insgesamt sich entschließt, nicht mehr zu wollen, kann der Wille wahrhaft stillgestellt und die Welt in einem kollektiven Verneinungsakt ins Nichts zerfließen.[228]

Aus dieser anthropofugalen Perspektive gesehen ist der Selbstmord Ausdruck eines rein egoistischen Erlösungswillens. Dem Selbstmörder geht es allein um die Salvierung seines Ichs. *Sein* Dasein ist ihm zur Last geworden. Wie es um das Dasein der anderen steht – das berührt ihn in der Regel so gut wie gar nicht. So gesehen ist der Selbstmord in der Tat ein Akt der krassesten Selbstsucht, eines höchst gesteigerten egoistischen Wollens, dem es ausschließlich um das je eigene Wohl und Wehe geht. Und eben deshalb ist er für von Hartmann unsittlich und mithin nicht erlaubt.

11. Sterben zur rechten Zeit: Friedrich Nietzsche

«Der Gedanke an den Selbstmord«, so lautet der Aphorismus 157 in Nietzsches 1886 publizierter Schrift *Jenseits von Gut und Böse*, »ist ein starkes Trostmittel: mit ihm kommt man gut über manche böse Nacht hinweg«[229]. Ob sich in dieser Sentenz, die gewissermaßen als lebenspraktische Maxime daherkommt, Nietzsches eigene Erlebnisse und Erfahrungen niedergeschlagen haben, mag dahingestellt bleiben. Eines jedoch ist sicher: Seine Äußerungen, in denen er zur Frage des Selbstmords und des freiwilligen Todes

Stellung bezieht, zeigen, daß er auch hier – wie in so vielen anderen Fällen – eine, gemessen an vorhergehenden Positionsbestimmungen zum Thema, radikale Umwertung intendiert und damit das Problem in eine neue Beleuchtung rückt. Paradigmatisch kann hierfür der Beginn der Rede Zarathustras, die vom freien Tod handelt, stehen: »Viele sterben zu spät, und Einige sterben zu früh. Noch klingt fremd die Lehre: ›stirb zur rechten Zeit!‹ Stirb zur rechten Zeit: also lehrt es Zarathustra«[230]. Zur rechten Zeit sterben – das also ist es, was Nietzsche fordert. Damit ist ein Thema angeschlagen, das leitmotivisch seine Ausführungen zum Problem der Selbsttötung durchzieht und in seinen Schriften immer wieder aufgegriffen und variiert wird.

Bereits im ersten Band von *Menschliches, Allzumenschliches*, der zwischen 1876 und 1878 entstanden ist, kann man im Aphorismus 80, dem Nietzsche den Titel »Greis und Tod« gegeben hat, lesen: »Abgesehen von den Forderungen, welche die Religion stellt, darf man wohl fragen: warum sollte es für einen alt gewordenen Mann, welcher die Abnahme seiner Kräfte spürt, rühmlicher sein, seine langsame Erschöpfung und Auflösung abzuwarten, als sich mit vollem Bewusstsein ein Ziel zu setzen?« Diese Frage indessen ist für Nietzsche im Grunde nur eine rhetorische. Seine Position ist bereits in dieser Zeit ganz entschieden diese: »Die Selbsttödtung ist in diesem Falle eine ganz natürliche naheliegende Handlung, welche als ein Sieg der Vernunft billigerweise Ehrfurcht erwecken sollte: und auch erweckt hat, in jenen Zeiten als die Häupter der griechischen Philosophie und die wackersten römischen Patrioten durch Selbsttödtung zu sterben pflegten. Die Sucht dagegen, sich mit ängstlicher Berathung von Aerzten und peinlichster Lebensart von Tag zu Tage fortzufristen, ohne Kraft, dem eigentlichen Lebensziel noch näher zu kommen, ist viel weniger achtbar«[231]. Und in der ein Jahrzehnt später verfaßten Schrift *Götzendämmerung* heißt es in der Abteilung »Streifzüge eines Unzeitgemäßen«, Nr. 36, gar: »Der Kranke ist ein Parasit der Gesellschaft. In einem gewissen Zustande ist es unanständig, noch länger zu leben. Das Fortvegetiren in feiger Abhängigkeit von Ärzten und Praktiken, nachdem der Sinn vom Leben, das *Recht* zum Leben verloren gegangen ist, sollte bei der Gesellschaft eine tiefe Verachtung nach sich ziehn«[232].

An diesen beiden Stellen diskutiert Nietzsche die Frage des Freitods in enger Verbindung mit (unheilbaren) Krankheitszuständen und den Erfahrungen des Kräfteverlusts im Alter. Ob man in solchen Situationen dem Leben selbst ein Ende setzen und damit dem sogenannten natürlichen Tod zuvorkommen sollte, ist für Nietzsche keine Frage, über die es sich lange und ausgiebig zu debattieren lohnte. Aber auch unabhängig von solchen spezifischen Umständen plädiert er immer wieder für den Tod zur rechten Zeit: »Auf eine stolze Art sterben, wenn es nicht mehr möglich ist, auf eine stolze Art zu leben. Der Tod, aus freien Stücken gewählt, der Tod zur rechten Zeit, mit Helle und Freudigkeit, inmitten von Kindern und Zeugen vollzogen: so dass ein wirkliches Abschiednehmen noch möglich ist: wo Der *noch da ist*, der sich verabschiedet, insgleichen ein wirkliches Abschätzen des Erreichten und Gewollten, eine *Summirung* des Lebens«[233]. Und in diesem Sinne läßt er mit kaum zu überbietender Präg-

143

nanz seinen Zarathustra sagen: »Meinen Tod lobe ich euch, den freien Tod, der mir kommt, weil *ich* will«[234].

Mit dieser Präferenz für den freiwillig und mit vollem Bewußtsein vollzogenen Tod geht für Nietzsche eine entschiedene Umwertung des Verhältnisses zwischen dem ›natürlichen‹ und dem ›freiwilligen‹ Tod, der Selbsttötung, einher. Die Verächter des Selbstmords lassen einzig den unfreiwilligen, natürlichen Tod gelten. Er allein gilt ihnen als ›vernünftig‹. Nietzsche hingegen stellt dieses Verhältnis auf den Kopf. Für ihn ist gerade der natürliche, der *un*freiwillige Tod der *un*vernünftige. Denn exakt er ist es, der von aller Vernunft unabhängig ist. Unabhängig ist er von der Vernunft, weil er unabhängig ist von aller Erwägung über das im Leben Erstrebte und Erreichte. Ja mehr noch: in gewissem Sinn ist er gar aller Vernunft entgegen – bestimmt doch bei ihm »die erbärmliche Substanz der Schale« darüber, »wie lange der Kern bestehen soll oder nicht«[235]. Bei dem sogenannten natürlichen Tod hat man es also mit einem Fall zu tun, bei dem »der verkümmernde, oft kranke und stumpfsinnige Gefängniswärter der Herr ist, der den Punct bezeichnet, wo sein vornehmer Gefangener sterben soll«. Mithin gilt für Nietzsche: »Der natürliche Tod ist der Selbstmord der Natur, das heisst die Vernichtung des vernünftigen Wesens durch das unvernünftige, welches an das erstere gebunden ist«[236].

Wie anders steht es da um den freiwilligen Tod! Weit entfernt davon, unvernünftig zu sein, dokumentiert sich für Nietzsche gerade in ihm die Helle der Vernunft. Mit vollem Bewußtsein, vielleicht gar, wie Nietzsche schreibt, mit »Freudigkeit« vollzogen, entscheidet beim freiwilligen Tod allein der ›vornehme

Gefangene‹, ob und wann er geht – und eben nicht der stumpfsinnige Wärter, entscheidet der ›Kern‹, ob er weiterhin bestehen bleiben will. Die Entscheidung liegt allein bei ihm und nicht bei der ›Schale‹. So ist also der freiwillige Tod für Nietzsche der einzig vernünftige. Der natürliche hingegen stellt sich aus dieser Perspektive betrachtet dar als ein Tod »unter den verächtlichsten Bedingungen«, als ein »unfreier« Tod, als ein Tod »zur *unrechten* Zeit«, kurz: als ein »Feiglings-Tod«[237].

Dazu kommt ein Weiteres: *Gerade aus Liebe zum Leben*, meint Nietzsche, sollte man den Tod anders wollen – nämlich »frei, bewusst, ohne Zufall, ohne Überfall«[238]. Wenn man sich selbst »abschafft«, wie Nietzsche sich in diesem Zusammenhang ausdrückt, dann hat, so verdeutlicht er diesen Gedanken, das Leben selber mehr »Vorteil« davon »als durch irgend welches ›Leben‹ in Entsagung, Bleichsucht und andrer Tugend« – denn dann hat man die anderen »von seinem Anblick befreit«, ja dann hat man letzten Endes das Leben von einem »Einwand« gegen das Leben befreit.[239]

Zur rechten Zeit zu gehen – das ist, wie auch Nietzsche weiß, nicht leicht. Daher gilt es, jetzt schon sterben zu lernen, bei Zeiten diese »schwere Kunst« zu üben.[240] Nur der nämlich versteht sich auf Tod und Leben, der Nein sagt, »wenn es nicht Zeit mehr ist zum Ja«. Wer frei ist zum Tod und frei im Tod – der allein ist für Nietzsche »ein heiliger Nein-sager«. Nur in dessen Sterben glüht der Geist und die Tugend »gleich einem Abendroth um die Erde«, wie Zarathustra zu seinen Schülern spricht.[241]

Und allererst dann gewinnt der Tod den Charakter eines *Festes*. Allein in einem als Fest inszenierten frei-

willigen Tod wird der ›vollbringende Tod‹ den Lebenden »ein Stachel und ein Gelöbniss«: »Also sollte man
sterben lernen; und es sollte kein Fest geben, wo ein
solcher Sterbender nicht der Lebenden Schwüre
weihte!«[242]

So findet sich bei Nietzsche gleichsam eine Apo-
theose des freiwilligen Todes. Einen solchen Ton hat
vor ihm noch keiner angeschlagen. Darüber war sich
Nietzsche selbst wohl völlig im klaren. Im klaren war
er sich aber auch noch über etwas anderes: »Die weis-
heitsvolle Anordnung und Verfügung des Todes
gehört in jene jetzt ganz unfassbar und unmoralisch
klingende Moral der Zukunft«[243]. Eine solche Moral
der Zukunft aber gibt es jetzt noch nicht. Nietzsche
tritt an, sie zu entwerfen. Doch bestenfalls scheinen bei
ihm erste Konturen im Gegenlicht der herkömmlichen
Moralvorstellungen auf. Und genau sie sind es, gegen
die es sich abzusetzen gilt. Das gilt auch und gerade
für das Problem des Freitods. Herkömmliche Moralvorstellungen – das heißt hierauf bezogen nur zu oft:
religiös motivierte Abwehrhaltungen, Suche nach
»Ausflüchten vor der Forderung der Selbsttödtung«,[244] Umkehrung des für Nietzsche einzig akzep-
tablen Verhältnisses zwischen natürlichem und freiwil-
ligem Tod. So kommt es, wie Nietzsche hervorhebt,
daß nur unter der religiösen Beleuchtung der natürliche Tod als der vernünftige und der freiwillige als der
unvernünftige begriffen werden konnte. Und so
kommt es ferner, daß der Selbstmord als die »That
des Nihilismus« substituiert werden konnte durch
den »langsamen Selbstmord«, will sagen durch »ein
kleines armes aber dauerhaftes Leben«, durch »ein
ganz gewöhnliches bürgerliches mittelmäßiges

Leben«[245]. Auf diese Weise haben die Religionen, allen voran für Nietzsche natürlich das Christentum, den »langsamen Tod« gepredigt – und in eins damit »Geduld mit allem ›Irdischen‹«. Diesem langsamen Tod gegenüber läßt er seinen Zarathustra fordern: »Möchten Prediger kommen des *schnellen* Todes! Das wären mir die rechten Stürme und Schüttler an Lebensbäumen!«[246] Solche Prediger, so scheint es, sind unabdingbar für die Heraufkunft der von Nietzsche ersehnten »Moral der Zukunft« – einer Moral, »in deren Morgenröthe zu blicken ein unbeschreibliches Glück sein muss«[247].

12. Der Selbstmord als Attentat auf die Person des Menschen: Emile Durkheim

1897 veröffentlichte der französische Soziologe Emile Durkheim seine Studie *Le suicide*. Unter Heranziehung einer schier unglaublichen Fülle an Material geht es Durkheim vornehmlich darum, die *sozialen* Faktoren und Bedingungen des Selbstmords herauszuarbeiten. Die Ergebnisse seiner sehr detaillierten soziologischen Analysen können hier im einzelnen nicht referiert werden. Im übrigen sind sie für die vorliegende Fragestellung wenig relevant – geht es ihr doch um den moralischen Blick auf das Phänomen des Selbstmords. Durkheim würde hier also gar nicht weiter beachtet werden, hätte er nicht auch zur Ethik des Selbstmords Stellung genommen. Die »erste und wichtigste Frage«, die sich bezüglich des Selbstmords stelle, so erklärt Durkheim nämlich, sei die, ob er zu den moralisch erlaubten oder geächteten Handlungen gehöre.[248] Seine eigene Antwort hierauf – soviel sei gleich vorweggenommen – besagt: Der Selbstmord ist ein höchst unmoralischer Akt. Und das ist er, weil es sich bei ihm um ein »Attentat« auf die Person des Menschen handelt.[249]

Wer wird es dem Soziologen verdenken, wenn er zur Stützung dieser Einstellung als die primär relevante Bezugsgröße »die Gesellschaft« bemüht? Allerdings sollte man sich hierdurch nicht vorschnell zu der Meinung verleiten lassen, vermutlich finde man bei ihm nichts weiter als einen schalen Aufguß einer Ansicht, die uns in der neuzeitlichen Philosophie wiederholt begegnete: nämlich daß der Selbstmörder seine Pflichten der Gesellschaft gegenüber vernachlässige. So einfach indessen ist es bei Durkheim keineswegs. Er hat eine durchaus andere – und wie sich zeigen wird – um einiges komplexere Argumentationsstrategie entwickelt.

Wie geht man im allgemeinen vor, fragt Durkheim, wenn man die Frage zu beantworten sucht, ob man den Selbstmord als ethisch erlaubt einstufen oder ihn ächten soll? Nun, in der Regel so, daß man eine bestimmte Vorstellung des moralischen Ideals formuliert und dann untersucht, ob der Selbstmord damit kompatibel ist oder nicht. Durkheim jedoch hält diese Methode für wenig geeignet. Und zwar deswegen, weil jeder seine ihm gemäßen Vorstellungen von dem moralischen Ideal hat, das man als Modell vorgehalten bekommt. Statt so vorzugehen, schlägt Durkheim einen anderen Weg ein. Er hält es für sinnvoller, sich zunächst in der Geschichte umzusehen, welche moralische Bewertung dem Selbstmord de facto bei den verschiedenen Völkern widerfuhr. Daran muß sich der Versuch anschließen, festzustellen, was die Gründe für die jeweilige Bewertung waren. In einem abschließenden Schritt bleibt dann noch der Frage nachzugehen, »ob und in welcher Weise diese Gründe in der Natur der heutigen Gesellschaften verwurzelt sind«[250].

Dank dieser Vorgehensweise bekommt Durkheim folgendes heraus: Eine Durchmusterung der Einstellung zum Selbstmord von der Antike bis heute – und man sollte hinzufügen, daß sich Durkheim auf die europäisch-abendländische Geschichte beschränkt – zeigt, daß sich bei der auf den Selbstmord bezogenen Gesetzgebung zwei Hauptphasen unterscheiden lassen. In einer ersten Phase ist es dem einzelnen verboten, sich selbst das Leben zu nehmen – es sei denn der Staat erteile ihm dazu die Erlaubnis. Durkheim spielt damit auf den Umstand an, daß es beispielsweise in Athen möglich war, um eine Genehmigung· zum Selbstmord nachzusuchen. Dazu mußte man dem Senat die Gründe darlegen, die einem das Leben unerträglich machten. Erhielt man einen zustimmenden Bescheid, dann durfte man sich selbst töten. In diesem Fall galt der Selbstmord als gesetzmäßige Handlung. Infolgedessen wurde der Selbstmörder nicht mit den Strafen belegt, mit denen üblicherweise der nicht-legitime Selbstmord geahndet wurde: Bestrafung durch Unehre, Verweigerung eines ordentlichen Begräbnisses, Abschneiden und getrenntes Verscharren einer Hand der Leiche.[251]

In dieser Phase ist der Selbstmord nur dann ein unmoralischer Akt, »wenn er ganz allein das Individuum betrifft und die Organe des Kollektivs nicht dabei mitgewirkt haben«. Auf gewisse Weise und unter genau geregelten Umständen läßt sich hier die Gesellschaft sozusagen »entwaffnen« und gewährt, wie Durkheim schreibt, »Absolution« für etwas, was sie im Grunde ablehnt.[252]

Anders hingegen sieht es in der zweiten Phase aus, die Durkheim unterscheidet. In ihr begegnet eine absolute und ausnahmslose Verdammung des Selbstmords. Hier gilt: Nicht nur dem Individuum ist die Macht entzogen, über sein Leben zu entscheiden; gleicherweise gilt das für die Gesellschaft – mit der Ausnahme allerdings, daß man ihr das Recht zuerkennt, die Todesstrafe als Sühne für ein Verbrechen zu verhängen. Durkheim sieht die Begründung für diese Einstellung darin, daß der Selbstmord an und für sich als unmoralisch betrachtet wird – ohne Rücksicht auf die Beteiligten. Und er meint sogar: Je weiter man in der Geschichte in Richtung Gegenwart fortschreite, werde das Verbot des Selbstmords radikaler statt schwächer.

Wie kommt das? Durkheim antwortet darauf zunächst: Mit dem gängigen Argument, der Mensch, der sich umbringe, entziehe sich seinen Pflichten gegenüber der Gesellschaft, lasse sich das nicht erklären. So zu argumentieren heißt für Durkheim, im Selbstmörder nur einen schlechten Schuldner zu sehen, dessen Gläubiger die Gesellschaft ist. Ein Gläubiger aber kann immer auf eine Leistung zu seinen Gunsten verzichten. Aber davon einmal abgesehen gilt für Durkheim: Wenn die Ächtung des Selbstmords keine andere als die angeführte Begründung hätte, dann müßte sie um so kompromißloser sein, je vollständiger der einzelne Mensch dem Staat oder der Gesellschaft untergeordnet ist. Folglich müßte die Ächtung des Selbstmords in primitiven Gesellschaften am ausgeprägtesten sein. Aber das ist sie gerade nicht, wie die historischen Befunde belegen. Ganz im Gegenteil muß man feststellen: Die Ächtung des Selbstmords nimmt in dem Maße zu, wie sich die Rechte des Individuums gegenüber dem Staat und der Gesellschaft entwickeln.

Und Durkheim fragt sich, wie dieses eigenartige Phänomen zu erklären ist. Festzuhalten bleibt: Vor allem in den christlichen Gesellschaften ist die Ächtung des Selbstmords in zunehmendem Maße formell und streng geworden. Und die Ursache hierfür ist nicht in dem Begriff zu suchen, den die abendländisch-christlichen Völker vom Staat haben. Zu suchen ist sie nach Überzeugung Durkheims vielmehr in der neuen Vorstellung, die sich bei diesen Völkern von der *Person des Menschen* herausgebildet hat. Und diese Vorstellung zielt darauf, im Menschen als Person etwas Heiliges par excellence zu sehen, ihm eine Würde zu attestieren, die ihn über sich selbst und über die Gesellschaft erhebt. In gewisser Weise wird der Mensch dadurch für seine Mitmenschen zu einem Gott: Wir selbst sind ein Teil Gottes; wir sind mit einer unsterblichen Seele ausgestattet und besitzen mit ihr ein Stück Göttlichkeit.[253] Dadurch bekommt jeder Anschlag auf einen Menschen das Signum einer »Gotteslästerung« – ganz gleich ob es sich dabei um Mord oder Selbstmord handelt: »Es kommt gar nicht darauf an, von wessen Händen die Tat ausgeführt wird; sie erregt unser Entsetzen allein schon dadurch, daß sie diesen Zug des Sakrosankten an uns verletzt, das wir bei uns selbst wie bei unserem Mitmenschen respektieren müssen«[254]. Damit wird der Selbstmord aus seiner weitgehend zivilen Sphäre, der er in der

Antike zugehörte, herausgelöst: er wird zu einer im wesentlichen religiösen Angelegenheit.

Aber hält eine solche Begründung für die moralische Verwerfung des Selbstmords einer Kritik stand, die sich als wissenschaftlich versteht? Dem ersten Anschein nach offenbar nicht, wie Durkheim einräumt. Eine wissenschaftliche Kritik nämlich wird solch mystischen Konzeptionen keinerlei Bedeutung beimessen, noch kann sie annehmen, im Menschen stecke irgend etwas Übermenschliches. Wenn dem aber so ist, dann dürfte doch wohl die Ächtung des Selbstmords hinfort ohne Begründung dastehen? Für Durkheim ist diesbezüglich Vorsicht angeraten. Klar ist für ihn, daß die religiösen Vorstellungen und Symbole, durch die man den Respekt vor der Person des Menschen zum Ausdruck bringt, für sich selbst und in ihrer abstrakten Form der Wirklichkeit nicht gerecht werden. Aber daraus folgt nicht zwangsläufig, daß dieser Respekt vor der Person von nun an völlig grundlos wäre. Wir können doch, überlegt Durkheim, gar nicht darüber hinwegsehen, daß dieser Respekt in unseren modernen Gesellschaften eine beherrschende Rolle in Recht und Moral spielt. Und er schlägt vor, sich weniger am Wortlaut dieser Konzeption der Person zu orientieren, sondern statt dessen zu untersuchen, wie sie entstanden ist. Diese Untersuchung geht er unter der Frage an: Was eigentlich ist der Ursprung all jener Vorstellungen von Transzendenz, die als Grundlage von Religionen und sittlichen Gesetzen fungieren, die auf eine moralische Verpflichtung abstellen? Eine solche Untersuchung, davon ist Durkheim überzeugt, wird deutlich werden lassen, daß die

Person-Konzeption durchaus einen objektiven Wert besitzt.[255]

Durkheims diesbezügliche Hauptthese besagt nun: Die Art Transzendenz, die wir der Person des Menschen zuerkennen, ist kein nur für das Person-Sein bezeichnender Wesenszug. Im Grunde läßt er sich auch in anderen Bereichen wiederfinden. Aber was heißt das? Durkheim will damit auf folgendes hinaus: Gleich wo auch immer wir ansetzen – immer werden wir genötigt, uns in unserer Vorstellung eine Welt jenseits der unsrigen zu schaffen und sie mit Realitäten anderer Art zu füllen.[256] Und diese Welt jenseits der unsrigen kann durchaus die Welt des Göttlichen sein – sie muß es aber nicht: ebensogut kann es sich hierbei um die *gesellschaftliche* Welt handeln. Was er damit intendiert, verdeutlicht Durkheim mit folgender Überlegung. Schauen wir uns doch einmal das Verhältnis des Individuums zur Gesellschaft an, schlägt er vor. Denn dann zeigt sich sofort, daß die Gesellschaft ihre eigenen Bedürfnisse hat, die von den unsrigen verschieden sind. Die Handlungen, die die Gesellschaft von uns verlangt, widerstreiten oft genug unseren individuellen Neigungen. Solche Handlungen dienen nicht der Befriedigung unserer eigenen Interessen, sondern gehen mit individuellen Opfern und persönlichen Verzichtleistungen einher: »Wenn ich meine Steuern zahle, wenn ich dem Staat meine Arbeit und mein Leben opfere, verzichte ich auf einen Teil meiner selbst«[257]. Unser Egoismus setzt diesen Verzichten und Opfern durchaus Widerstand entgegen, aber gerade darin bezeugt sich für Durkheim, daß eine Macht sie fordert, der wir untergeordnet sind. Und das gilt selbst dann noch, wenn wir den entsprechenden Befehlen freudig zustimmen – spüren wir doch dann in unserem Bewußtsein, »daß unser Verhalten von einer Ehrerbietung gegenüber etwas bestimmt ist, das größer ist als wir selbst«[258]. So macht sich in unserem Inneren eine Stimme bemerkbar – eine Stimme, die befiehlt und die nicht die unsere ist. Wir »entfremden« uns also von ihr – was sagen will: »wir projizieren sie nach außen, wir übertragen sie auf ein Wesen, das wir uns außerhalb unser selbst und über uns stehend vorstellen, weil es uns Befehle erteilt und wir uns seinen Befehlen fügen«[259]. Dieses Wesen kann Gott sein – aber eben auch die Gesellschaft. Der Prozeß, durch den solche Transzendenz zustande kommt, läuft nach Durkheims Sicht der Dinge allemal nach dem gleichen Muster ab.

Verhält es sich so, wie Durkheim dargelegt hat, dann ist klar, daß uns die Gesellschaft als eine Autorität entgegentritt, die uns zum Handeln veranlaßt, und daß die Ziele, auf die sie uns verpflichtet, »sich einer regelrechten moralischen Überlegenheit erfreuen«[260].

Diese Überlegungen kombiniert Durkheim nun mit einer historischen Betrachtungsweise. Es sei, meint er, gleichsam ein »historisches Gesetz«, daß die »Überhöhung der Person des Menschen« einer der »Endzwecke« ist, die die modernen Gesellschaften verfolgen.[261] In primitiven Gesellschaften ist die Gesellschaft alles, das Individuum nichts. Gegenüber der Gesellschaft hat der einzelne keinerlei Rechte. Aber die Dinge ändern sich in dem Maße, in dem die Gesellschaften größer und komplexer werden: es kommt zu Arbeitsteilung und zur Vervielfältigung der Verschiedenheiten unter den einzelnen Menschen. Das geht so weit, daß es zwischen den Gliedern einer

Gruppe nichts Gemeinsames mehr gibt bis auf viel-leicht die Tatsache, daß sie eben alle Menschen sind. Dann bleibt nur noch, »daß sich die kollektive Emp-findungsfähigkeit mit aller Kraft an dieses einzige und letzte Objekt klammert und ihm dadurch einen unver-gleichlichen Wert vermittelt. Die Person des Menschen muß in aller Augen eine außergewöhnliche Bedeutung gewinnen, denn sie ist das einzige Phänomen, das aller Herzen gleichmäßig rührt, und ihre Verherrlichung ist das einzige Ziel, das noch kollektiv verfolgt werden kann«[262].

Diesen »Kult des Menschen« hält Durkheim für grundverschieden von der Idee des egoistischen Indi-viduums. Bei diesem Kult geht es dem Menschen schlechthin um so etwas wie eine »ideale Humani-tät«[263]. Wie jedes Ideal ist auch sie der Wirklichkeit überlegen. Ja, sie beherrscht letztlich auch die Gesell-schaften selbst: selbst den Gesellschaften steht es nicht zu, über dieses Ideal zu verfügen, denn eben dieses Ideal ist ja der Zweck, auf den jedes menschliche Han-deln ausgerichtet ist. Und folglich dürfen die Gesell-schaften den Menschen nicht gestatten, sich selbst ein Unrecht anzutun.

Es dürfte auf der Hand liegen, was das an Konse-quenzen für die Frage nach Erlaubtheit oder Ächtung des Selbstmords mit sich bringt: In diesem Licht gese-hen zeigt sich der Selbstmord natürlich als eine *unmo-ralische* Handlung – läuft er doch »in seinem inner-sten Wesen dieser Religion der Humanität zuwider«. »Man sagt«, so führt Durkheim diesen Gedanken etwas weiter aus, »der Mensch, der sich tötet, tut sich nur selbst ein Unrecht an, und nach dem alten Grund-satz volenti non fit injuria hat sich die Gesellschaft nicht einzumischen. Das ist ein Irrtum: Die Gesellschaft ist verletzt, weil das Gefühl, auf dem heute ihre höchstgeachteten Morallehren beruhen, die fast das einzige Bindeglied zwischen ihren Angehörigen sind, beleidigt wurde, und weil es geschwächt würde, wenn eine solche Beleidigung in voller Freiheit geschehen könnte«. Und: »Sobald die Person des Menschen als etwas Heiliges betrachtet werden muß, und weder das Individuum noch die Gruppe frei darüber verfügen können, muß jedes Attentat auf sie geächtet werden. Es kommt gar nicht darauf an, daß der Schuldige und das Opfer ein und dieselbe Person sind; das aus dem Akt hervorgehende moralische Übel wird durch die Tatsache, daß sein Urheber auch sein Opfer ist, in keiner Weise zum Verschwinden gebracht. Wenn uns ganz allgemein die Gewalthandlung, durch die ein Menschenleben zerstört wird, wie eine Gotteslästerung erregt, dann dürfen wir sie nirgendwo tolerieren. Ein Kollektivempfinden, das in diesem Punkt versagt, würde bald kraftlos werden«[264].

Damit wird deutlich: Aus eigener Machtvollkommenheit heraus seinem Leben freiwillig ein Ende setzen – das ist für Durkheim ein nicht zu billigender, unmoralischer Akt. Und zwar deswegen, weil er sich an der Idee der Humanität vergeht, weil er den Kult der Person des Menschen verletzt. Das Spannende an den Überlegungen Durkheims jedoch ist weniger dieses Resultat als vielmehr die Begründung, die er dafür gibt. Zwar operiert Durkheim mit dem Begriff der Transzendenz; er zieht sich aber nicht einfach auf einen religiösen Standpunkt zurück, sondern entwickelt eine Perspektive, die die Ausbildung einer Transzendenz, in deren Licht der Selbstmord als unmoralisch erscheint, rein soziologisch-historisch erklärt. Das ist das Neue und Bahnbrechende an seiner Sicht des Selbstmords. Und eben mit diesem Erklärungsansatz gelingt es ihm, die spätestens seit der Aufklärung geläufigen Argumentationsmuster, denen zufolge der Selbstmörder seine Pflichten gegenüber der Gesellschaft verletzt, hinter sich zu lassen. Aber die Schuld, die der Selbstmörder in den Augen Durkheims auf sich lädt, wird dadurch nicht geringer. Ganz im Gegenteil: Im Licht seines Ansatzes gesehen erweist sich der Selbstmord nachgerade als »Attentat« auf die Person des Menschen – und das wiegt nach Einschätzung Durkheims um einiges schwerer als eine bloße Pflichtverletzung gegenüber der Gesellschaft.

Mit all dem nun will Durkheim nicht sagen, man solle die »barbarischen Strafen«, mit denen man in vergangenen Jahrhunderten den Selbstmörder – und seine Angehörigen – belegte, wieder in Kraft setzen. Durkheim sieht sehr deutlich, daß sie aus Zeiten stammen, in denen im ganzen Strafsystem »eine überspitzte Strenge« waltete. Gleichwohl aber hält er mit aller Entschiedenheit daran fest: Ganz gleich wie die diesbezüglichen Umstände sich ändern – »man muß einen Grundsatz aufrechterhalten, daß nämlich der Mord an der eigenen Person verwerflich ist«[265].

IV

Von der Logik des Absurden
zur Lehre vom Zerfall:
Neue Aspekte im 20. Jahrhundert

1. Gibt es eine Logik bis zum Tode?: Albert Camus

Der Mythos von Sisyphos – Albert Camus' 1942 er-
schienenes Werk über das Absurde – setzt ein mit
einem wuchtigen Satz: »Es gibt nur ein wirklich
ernstes philosophisches Problem: den Selbstmord«[266].
Kein anderer Philosoph vor und nach Camus hat das
Problem des Selbstmords so wie er zur Grundfrage der
Philosophie erklärt. Alle anderen Probleme, mit denen
sich Philosophie und Wissenschaften herumschlagen,
sind, gemessen an ihm, nachrangig. »Ob die Welt drei
Dimensionen und der Geist neun oder zwölf Kategorien habe« – das ist ebenso bedeutungslos wie der
Streit, »ob die Erde sich um die Sonne dreht oder die
Sonne um die Erde«. All das sind für Camus »Spiele-
reien«[267]. Sich mit ihnen beschäftigen – das kann man
immer noch, nachdem man über die Frage des Selbstmords mit sich ins Reine gekommen ist. Ihr also
kommt oberste Priorität zu. Für Camus ist sie gleich-

bedeutend mit der Frage nach dem Sinn des Lebens. Sie, so schreibt er im *Mythos von Sisyphos*, ist die dringlichste aller Fragen. Beantworten läßt sie sich für Camus nur im Horizont der Erfahrung des Absurden.

Aber was ist dieses Absurde? Nun, zunächst einmal: Es ist ein »Klima«[268], man hat ein »Gefühl der Absurdität«[269]. Es ist ein ›sonderbarer Seelenzustand‹, »in dem die Leere beredt wird, die Kette alltäglicher Gebärden zerrissen ist und das Herz vergeblich das Glied sucht, das sie wieder zusammenfügt«[270]. In diesem Seelenzustand wird die Welt als fremdartig und als »dicht«[271] erfahren. Plötzlich stürzen die Kulissen ein: »Aufstehen, Straßenbahn, vier Stunden Büro oder Fabrik, Essen, Straßenbahn, vier Stunden Arbeit, Essen, Schlafen, Montag, Dienstag, Mittwoch, Donnerstag, Freitag, Samstag, immer derselbe Rhythmus – das ist sehr lange ein bequemer Weg. Eines Tages aber steht das ›Warum‹ da, und mit diesem Überdruß, in den sich Erstaunen mischt, fängt alles an«[272]. Daß es ›anfängt‹ – das ist für Camus das Wichtige: »Der Überdruß ist das Ende eines mechanischen Lebens, gleichzeitig aber auch der Anfang einer Bewußtseinsregung. Er weckt das Bewußtsein und bereitet den nächsten Schritt vor. Der nächste Schritt ist die unbewußte Umkehr in die Kette oder das endgültige Erwachen. Schließlich führt dieses Erwachen mit der Zeit folgerichtig zu der Lösung: Selbstmord oder Wiederherstellung. An sich hat der Überdruß etwas Widerliches. Hier jedoch muß ich zu der Überzeugung kommen, daß er gut ist. Denn mit dem Bewußtsein fängt alles an, und nur durch das Bewußtsein hat etwas Wert«[273]. Somit hängt das Absurde ebenso sehr vom Menschen ab wie von der Welt.[274] Ja, streng genommen entsteht das Absurde allererst aus der »Gegenüberstellung des Menschen, der fragt, und der Welt, die vernunftwidrig schweigt«[275]. Auf diese Weise erweist sich das Absurde im wesentlichen als ein »Zwiespalt«: Es ist weder allein im Menschen, noch allein in der Welt; es entsteht vielmehr durch deren Gegenüberstellung.[276]

So kann Camus festhalten, das einzig Gegebene sei für ihn das Absurde. Und damit stellt sich für ihn die Frage: Kann man da herauskommen, und ist aus diesem Gegebenen der Selbstmord zu folgern?[277] »Gibt es«, anders gefragt, »eine Logik bis zum Tode?«[278]

Um es gleich vorwegzunehmen: Eine solche Logik gibt es für Camus nicht. Und das heißt: Er lehnt den Selbstmord ab. Wer aus der Erfahrung des Absurden den Selbstmord folgern würde, würde nach Camus' Sicht der Dinge eine Konsequenz ziehen, die der Logik des Absurden geradezu widerspricht. Um ihn hier angemessen verstehen zu können, sind zunächst seine Überlegungen zu den Formen des Selbstmords etwas näher in Augenschein zu nehmen. Camus nämlich unterscheidet grundsätzlich zwei Gestalten, in denen der Selbstmord begegnet. Die eine ist der »logische« Selbstmord,[279] die andere der »philosophische«[280].

Was Camus mit dem »logischen« Selbstmord meint, läßt sich gut einer Tagebuchaufzeichnung entnehmen, in der er sich ein Zitat von Tolstoi notiert hat: »Wenn alle irdischen Güter, für die wir leben, wenn alle Freuden, die uns das Leben gewährt, Reichtum, Ruhm, Ehren, Macht, uns durch den Tod geraubt werden, haben diese Güter keinerlei Sinn. Wenn das Leben nicht unendlich ist, dann ist es ganz einfach absurd, ist es nicht wert, gelebt zu werden, und man muß sich seiner so schnell wie möglich durch Selbstmord entledigen«[281]. Für Tolstoi entspringt mithin die Absurdität des Daseins daraus, daß das Leben und die Güter, die es bietet, nicht unendlich sind. Güter, die uns geraubt werden können, können unser Leben nicht mit Sinn versorgen. Ein dergestalt von Endlichkeit und Vergänglichkeit gekennzeichnetes Leben ist für Tolstoi der zitierten Notiz zufolge absurd, ist nicht wert, gelebt zu werden. Die einzig angemessene Reaktion auf es ist der Selbstmord. Camus' Kommentar zu dieser Tolstoi-Stelle – daß man es hier mit einem »Muster unlogischer Logik« zu tun habe[282] – deutet bereits an, daß er der Tolstoischen Selbstmordlogik wenig abzugewinnen weiß.

Nicht viel besser verhält es sich mit dem »philosophischen« Selbstmord. Der philosophische Selbstmord bezeichnet die Konsequenzen, die die Existenzphilosophen als Antwort auf die Erfahrung des Absurden vorgeschlagen haben: nämlich entweder zu fliehen oder auszuharren.[283] Camus weist beides zurück. Fliehen – das heißt für ihn: sein Heil in einer Transzendenz suchen, den Sprung in den Glauben wagen, wie Kierkegaard es empfahl. Für Camus indessen kommt das einer Preisgabe der Vernunft gleich, einer Hinwendung zum Irrationalen: »Das Thema des Irrationalen, wie es von den Existenzphilosophen verstanden wird, ist die Vernunft, die in Verwirrung gerät und sich durch Selbstverneinung befreit«[284]. Dazu kommt, daß die Existenzphilosophen in einem zweiten Schritt dies Irrationale vergöttlichen und sich ihm anzugleichen suchen. Die Existenzphilosophen, schreibt Camus, »gehen, vom Absurden aus, auf den Trümmern der Vernunft in eine geschlossene, auf das Menschliche begrenzte Welt, und durch eine sonderbare Überlegung vergöttlichen sie das, was sie zerschmettert, und sie finden einen Grund zur Hoffnung in dem, was sie hilflos macht«[285]. Philosophischer Selbstmord unter dem Aspekt der Flucht gesehen, heißt demnach: die Vernunft preisgeben, seine Zuflucht zu einer Transzendenz nehmen, sich von ihr abhängig machen.

Auch die andere Konsequenz, die von existenzphilosophischer Seite vorgeschlagen wird – nämlich auszuharren – hilft nach Camus nicht weiter. Zwar wird hier keine Flucht in die Transzendenz propagiert, ja ein jenseitiger Gott wird geradezu geleugnet. Aber für die, die ausharren, erfüllt sich ihr Sinnanspruch nicht mehr hier und jetzt. Solche Erfüllung gibt es erst in einer fernen Zukunft. »Die Zukunft«, hat Camus in *Der Mensch in der Revolte* geschrieben, »ist für Menschen ohne Gott das einzige Jenseits«[286]. Ausharren also heißt: auf eine Zukunft setzen, in der die geschichtliche Bewegung an ein Ende gelangt und hoffen, daß in diesem Ende das Absurde aufgehoben ist – und solange den Widerspruch zwischen Sinnanspruch und aufgeschobener Realisierung aushalten.

Für Camus sind die existenzphilosophischen Vorschläge – fliehen oder ausharren – Strategien, denen er nicht viel abzugewinnen weiß. »Ich interessiere mich nicht für den philosophischen Selbstmord«, hat er kurz und bündig geschrieben, »sondern für den Selbstmord an sich«. Ihn will er, wie er in diesem Zusammenhang sagt, von allen Sentimentalitäten befreien und auf seine Logik und Rechtlichkeit hin prüfen.[287] Und dabei zeigt sich ihm, daß der Selbstmord jeglicher Logik entbehrt, daß es keine Logik gibt, die zum Tod führt.

Für Camus ist klar: Da das Absurde aus der Gegenüberstellung von Mensch und Welt entspringt, es also
ebenso sehr vom Menschen wie von der Welt abhängt,
stirbt es nur dann, wenn man sich von ihm abwendet.
Dann geht man dem Problem aus dem Weg, dann
leugnet man den Widerspruch des Lebens. Ja, im
Grunde genommen lebt man dann gar nicht mehr.
Denn: »Leben heißt: das Absurde leben lassen. Das
Absurde leben lassen heißt: ihm ins Auge sehen«[288]. So
bleibt eigentlich nur die *Auflehnung* gegen das
Absurde. Sie, meint Camus, sei einige der wenigen
philosophisch stichhaltigen Positionen. Der Selbstmord aber ist alles andere als eine Folge der Auflehn-
nung. Für Camus ist er genau ihr Gegenteil: nämlich
die Anerkennung ihrer Grenzen[289]. Anders gewendet:
So, wie Camus die Sache darlegt, gibt sich der Selbstmörder der trügerischen Hoffnung hin, mit seinem
Tod sei auch das Absurde aufgehoben, beseitigt, vernichtet. Aber dabei verkennt er, daß das Absurde nur
darin seinen Sinn hat, daß man ihm ins Auge sieht,
sich mit ihm auseinandersetzt, sich gegen es auflehnt,
revoltiert: »Der Selbstmord hebt das Absurde auf seine
Art auf. Er zieht es mit in den gleichen Tod. Ich weiß
aber, daß das Absurde, um sich zu behaupten, sich
nicht auflösen darf. Es entgeht dem Selbstmord in
dem Maße, wie es gleichzeitig Bewußtsein und
Ablehnung des Todes ist«[290].

So geht der Selbstmörder zwar von der Erfahrung
des Absurden aus. Er zieht aus ihr aber einen völlig
falschen Schluß – nimmt er doch an, mit ihm stürbe
auch das Absurde. Und gerade darin irrt er. »Der
Selbstmord«, hat Camus zusammengefaßt, »ist ein
Verkennen. Der absurde Mensch kann nur alles aus-

schöpfen und sich selber erschöpfen. Das Absurde ist seine äußerste Anspannung, an der er beständig mit einer unerhörten Anstrengung festhält; denn er weiß: in diesem Bewußtsein und in dieser Ablehnung bezeugt er Tag für Tag seine einzige Wahrheit, die Herausforderung«[291]. Mit dieser Positionsbestimmung wird offenkundig: Für Camus stellt der Selbstmord kein ethisches Problem neben anderen dar. Die ethische Reflexion hat zunächst überhaupt nur einen einzigen Gegenstand: den Selbstmord. An ihm hängt alles weitere. Das Problem, das er aufwirft, entwächst der Erfahrung des Absurden, »jener hoffnungslosen Kluft zwischen der Frage des Menschen und dem Schweigen der Welt«[292]. Der Selbstmord käme der Schließung dieser Kluft gleich. Für Camus jedoch kommt es gerade darauf an, sie zu erhalten. Denn »um sagen zu können, daß das Leben absurd ist, muß das Bewußtsein Leben haben«[293]. Entgegen allem Anschein fordert die Logik des Absurden gerade nicht den Selbstmord, sondern seine Verwerfung.[294]

2. Sich selbst gehören: Jean Améry

1976 veröffentlichte Jean Améry sein aufsehenerregendes Buch *Hand an sich legen – Diskurs über den Freitod*. Zwei Jahre später legte er Hand an sich selbst: am 17. Oktober 1978 schied er kurz vor seinem 66. Geburtstag freiwillig aus dem Leben. Für ihn offenbar galt die Logik des Lebens nicht mehr. An ihre Stelle war bei ihm die Logik des Todes getreten. Logik des Lebens – Logik des Todes: zwei Wendungen, die im Zentrum von Amérys Diskurs über den Freitod stehen. Welcher Logik man mehr Gehör schenkt – der des Lebens oder der des Todes –, das entscheidet sich für Améry letztgültig erst im »Moment des Absprungs«. Der Suizidant steht gleichsam noch mit einem Bein in der Logik des Lebens, mit dem anderen aber schon in der Logik des Todes. Er ist »zerrissen zwischen Lebenslogik und Todeslogik«. In dieser Zerrissenheit besteht, wie Améry mit einer brillanten Wendung sagt, »die ontisch trübe Einzigartigkeit seiner Situation«[295]. Todeslogik – das ist die Absage an die Logik des Lebens. Ihr, der Todeslogik, steht nur *eine* Gleichung zur Verfügung: nichts gleich nichts, nihil = nihil. »Die *Todeslogik*«, schreibt Améry, »ist keine im üblichen und allein der Vernunft standhaltenden Sinne, denn sie erlaubt keinen anderen Schluß als nur den einen, immer und immer wieder: nicht ist gleich nicht, womit die an sich schon wirklichkeitsleere Aussage jeglichen logischen (id est: analytischen) Urteils die letzte Realitätsbindung verliert, jene zumal, in der die Gleichsetzung zweier Seinskategorien, die symbolisch aufgezeichnet seien, wie in der Mathematik, oder der Alltagssprache verhaftet, sich nun auf etwas bezieht, das nichts und nicht ist, reine Negation, verfluchte Unausdenklichkeit«[296]. So ist die Gleichung der Todeslogik im Grunde »sinnlos und widervernünftig«[297]. Aber – es gilt zu bedenken: Es gibt den Freitod. So daß man immer wieder vor die Frage geführt wird: »*Muß man leben? Muß* man da sein, nur weil man einmal ist?«[298]

Amérys Diskurs über den Freitod ist immer wieder als Apologie des Selbstmords mißverstanden worden – was er aber erklärtermaßen *nicht* sein will. Solcher »Fehlauffassung«, stellt Améry im Vorwort klar, sei

»nachdrücklich vorzubeugen«. Worum es ihm allein gehe, das sei, der absurden und paradoxen Befindlichkeit desjenigen, der den Freitod sucht, nachzugehen und die unauflöslichen Widersprüche der »condition suicidaire« aufzuzeigen.[299]

Keine Eloge auf den Selbstmord also. Aber immerhin ein Versuch, den Freitod als ebenso natürlich oder ebenso unnatürlich wie jeden anderen Tod auch zu rehabilitieren – »dies vor allem gesellschaftlich, denn der Tod, frei oder nicht, ist philosophisch nicht zu verteidigen«. Aber etwas anderes, was hiermit aufs engste zusammenhängt, ist für Améry sehr wohl zu verteidigen: »Nur darum komme ich ein, daß dem Suizidär, dem Suizidanten trotz seiner minoritären Situation, das Recht werde, das jede Minorität für sich in Anspruch nimmt«[300].

Von welchem Recht ist hier die Rede? Antwort: Von dem Recht, sich selbst zu gehören: »Hier sei noch einmal die Frage gestellt und sei beantwortet: *Wem gehört der Mensch?*« Ein gläubiger Christ hat darauf rasch eine Antwort parat: »Der Mensch gehört dem Herrn, dem er sein Leben verdankt und dessen Vorrecht es ist, ihm dieses zu nehmen, wann es ihm paßt«[301]. Dagegen, meint Améry, habe er nichts vorzubringen – allerdings nur solange nicht, wie einer diese Entscheidung persönlich für sich treffe und sie allein auf sich beziehe. Kritisch aber wird es für Améry sofort dann, wenn der Betreffende seine ureigenste Entscheidung in den Rang eines unbedingt gebietenden Imperativs zu heben versucht und sich anmaßt, jeglichen Freitod als unmoralisch zu denunzieren. Améry hat hier ein konkretes Beispiel vor Augen: den Philosophen Paul-Ludwig Landsberg, einen Schüler

Max Schelers. Landsberg, jüdischer Abstammung und christgläubig, wurde als Emigrant in Frankreich von den deutschen Besatzern verfolgt. Um sich der stets drohenden Ermordung durch Freitod entziehen zu können, führte Landsberg Gift mit sich. Aber dann geschieht etwas Seltsames: im Sommer 1942 hat er offenbar das Gift vernichtet. Ab diesem Zeitpunkt, so scheint es, war er nicht mehr bereit, freiwillig aus dem Leben zu scheiden. Es kam, wie es kommen mußte: Er fiel seinen Häschern in die Hände und wurde von den »braunen Henkern« in Oranienburg umgebracht. »Dem Manne«, merkt Améry dazu an, »gebührt und gehört meine allerhöchste Achtung, wiewohl ich lieber von solchen höre, die mindestens einen der Büttel niederstreckten, die da kamen, sie zu holen«[302]. Aber dennoch: Diese hohe Achtung vor Landsberg endet für Améry dort, wo Landsberg nicht mehr nur Gründe für seine persönliche Entscheidung anführt, sondern im Namen seines Herrn Forderungen erhebt. Um was geht es hier? Nun, in einem Aufsatz mit dem Titel *Das moralische Problem des Selbstmords* hat Landsberg den Freitod als äußerst verdammungswürdige Tat gebrandmarkt. Wenn wir sterben möchten, so argumentiert Landsberg da, dann haben wir durchaus das Recht, Gott darum zu bitten. Stets jedoch müßten wir hinzufügen: aber dein Wille geschehe, nicht der meine. So sind wir in die Hände Gottes als unseres Herrn gegeben. Aber dieser Herr ist nicht unser Herr als Herr eines Sklaven, sondern als unser Vater. Und als solcher liebt er uns mit unendlicher Weisheit. Wenn dieser Gott uns nun leiden läßt, dann, so heißt es bei Landsberg wörtlich, »zu unserem Heil, zu unserer Reinigung«[303].

Und genau dieser Gedanke ist es, gegen den Améry heftig Einspruch erhebt. Wenn jemand wie Landsberg von der Möglichkeit des Selbstmords nicht Gebrauch machte und der ›humanen Dignität des Freitods‹ den qualvollen Tod vorzog, den die Nazischergen ihm bereiteten – nun gut, dann war das letztlich, wie Améry einräumt, ganz und gar seine Sache. Aber seine Worte vom christlichen Gott, der uns unendlich liebt, »indem er uns dem zertretenden Stiefel oder dem Feuerofen ausliefert«, hält Améry für wahrhaft blasphemisch. Er, Landsberg »hat sich selbst gehören und als ein sich Gehörender seinem Gotte sich zum Schlachtopfer darbringen dürfen: Es grenzt an Unmenschlichkeit, wenn er diesen seinen persönlichen und nur für ihn gültigen Entschluß der Preisgabe an etwas, das für andere nur ein Phantasma ist, zum Imperativ erigiert«[304]. Auch dem, der sich Gott hingibt, gesteht Améry also voll und ganz das Recht zu, sich bei dieser Entscheidung darauf zu berufen, er gehöre sich selbst und stelle sich als ein sich Gehörender seinem Gott anheim. Das ist der persönliche und ureigenste Entschluß dieses Menschen. Aber wogegen Améry sich aufs entschiedenste verwahrt, ist, daß man versucht, diesen Entschluß anderen aufzuoktroyieren und sie, falls sie sich widersetzen, als unmoralisch Handelnde denunziert. »Niemand«, schreibt Améry, »hat das Recht, dem anderen vorzuschreiben, auf welche Weise und im Hinblick auf was er seinen Eigenbesitz lebend und sterbend realisiert«[305].

Aber nicht nur der christliche Gott läßt dem Selbstmörder nicht die letzte Entscheidung über seinen Eigenbesitz – ähnliches maßt sich auch die Gesellschaft an. Auch sie übersieht, daß der Mensch wesentlich sich selbst gehört – zumal in den für ihn entscheidenden Lebensmomenten. Gegen all ihre »Anmaßungen und Zumutungen« ist aus der Sicht Amérys geltend zu machen, daß die Gesellschaft nicht die Welt des Individuums ist: Die Gesellschaft, so betont Améry mit Nachdruck, ist bestenfalls das »Material« zu unserer Welt. Von diesem Material kann der einzelne etwas aufnehmen und zu seiner eigenen Person machen. Anderes kann er abweisen, wie heftig auch immer es ihn bedrängt: »Es gibt nur das von mir Aufgesaugte, der Rest ist scheußliches Exkrement«[306]. Nun verkennt Améry hierbei keineswegs, daß die Gesellschaft an mich, der ich in dieser Gesellschaft lebe, durchaus Ansprüche stellen kann. So gesehen hat die Gesellschaft *als* Gesellschaft, wie er schreibt, »allerdings recht gegen uns«. Aber zugleich ist darauf hinzuweisen, daß »wir als je Einzelne unter allen Umständen recht haben gegen sie«. Wie diesen Widerspruch lösen? Aus der Perspektive Amérys gesehen löst er sich erst auf mit der »Lösung«, will sagen, mit der »Erlösung unserer Existenz«[307].

So weit, so gut. Aber dann wäre da noch das altbekannte Argument, derjenige, der in einer Gesellschaft lebt, habe doch gewissermaßen einen Vertrag mit dieser Gesellschaft geschlossen. Ja, antwortet Améry darauf, auch der Suizidant hält doch diesen Pakt ein und erfüllt seine Verbindlichkeiten bis zu jenem Augenblick, in dem er durch den Akt des Freitods den Vertrag kündigt. Und danach kann er nicht mehr haftbar gemacht werden. Auch der Selbstmörder also bekennt sich grundsätzlich zu der geforderten Vertragstreue. Auch ihm ist klar, daß es ohne ein »Netz von Abmachungen« so etwas wie eine Gesellschaft, eine gesellschaftliche Existenz, nicht geben kann.[308] Aber der Akt, durch den er seinem Leben ein Ende setzt, dokumentiert noch etwas anderes – und das ist das für Améry Entscheidende: nämlich »den Triumph des nur ihm gehörigen Ich«. Dieses Ich wird als »Eigenbesitz« erst dann in seiner »Totalität« aufgegriffen, »sobald einer begreift, daß zwar alles gilt, was als Realität sich intersubjektiv etabliert hat, daß es aber einen Ausweg gibt aus der Ordnung der Dinge«. Anders gesagt: Durch seine Handlung gibt der Selbstmörder unmißverständlich zu verstehen: »Du Anderer als Teil des sozialen Netzes hattest recht gegen mich, was immer du mir zufügtest; aber siehe: ich kann der Rechtsgültigkeit mich entziehen. Dies tue ich, ohne dir etwas anzutun«[309].

Im Moment des Absprungs ist der einzelne ganz allein mit sich. In diesem Augenblick gehört und gehorcht er allein sich selbst. Dieser freie Tod ist, wie Améry an einer Stelle einmal sagt, »eine hochindividuelle Sache«. Zwar wird sie nie ganz ohne gesellschaftliche Bezüge vollzogen. Aber eben weil sie eine hochindividuelle ist, handelt es sich bei ihr um eine Sache, »*vor der die Sozietät zu schweigen hat*«[310].

So verlangen Religion und Gesellschaft gleicherweise vom einzelnen, daß er sich seiner Entscheidungsfreiheit begebe: Die Religion pocht auf die Pflichten gegenüber Gott, die Gesellschaft auf die Pflichten gegenüber den Anderen. Gegen die Anmaßung der Religion macht Améry geltend: Der einzelne gehört keineswegs dem Herrn. Und gegen die Zumutungen der Gesellschaft: Das Ich gehört gehört keineswegs dem Anderen. Sondern in beiden Fällen gilt: Der

Mensch gehört ganz wesentlich sich selbst – erst recht im Augenblick des Absprungs.

Auf diese Weise formuliert Améry bezüglich des Freitod-Problems eine ethische Position, die vom Selbstbestimmungsrecht des einzelnen und der Freiheit zu entscheiden, was er mit seinem Leben macht, getragen ist. Ob jemand sein Leben weiterhin so lebt wie bisher oder ob er es wegwirft – das geht im Grunde niemanden etwas an: die Religion nicht und auch die Gesellschaft nicht. Das ist die ureigenste Entscheidung jedes einzelnen.

Eigentlich lag es gar nicht in der Absicht Amérys, sich zur ethischen Problematik des Selbstmords zu äußern[311]. Aber die Ansprüche, die Religion und Gesellschaft an den einzelnen im Blick auf den Freitod stellen, machen es unumgänglich, sich auf die ethische Diskussion einzulassen. Und ebenso entschieden, wie diese beiden Institutionen ihre Ansprüche geltend machen, weist Améry sie zurück. Daß sie diese Ansprüche überhaupt erheben, hängt für ihn zu einem nicht unerheblichen Teil damit zusammen, daß sie die Welt des zum Freitod Entschlossenen nicht verstehen, ja nicht einmal versuchen, ihn aus dieser Welt heraus zu verstehen. Aber gerade daran hängt alles: »Die Welt des Glücklichen«, hat Ludwig Wittgenstein im *Tractatus* notiert – und Améry hat das als Motto seinem Diskurs über den Freitod vorangestellt –, »ist eine andere als die des Unglücklichen. Wie auch beim Tod die Welt sich nicht ändert, sondern aufhört«[312].

3. Gibt es ein Recht auf den eigenen Tod?: Wilhelm Kamlah

Gibt es ein Recht auf den eigenen Tod? Hat man das Recht, sich selbst zu töten? So fragt der Erlanger Philosoph Wilhelm Kamlah (1905-1976) – und stellt zunächst einmal fest, daß wir uns einer eigenartigen Situation gegenübersehen. Zwar ist die Ächtung der Selbsttötung in den letzten Jahrhunderten allmählich zurückgedrängt und nach und nach aus den Strafgesetzbüchern entfernt worden. Auf der anderen Seite aber befindet sich das moralische Verbot des Selbstmords in den Ländern europäisch-christlicher Tradition noch immer »in fast unbestrittener allgemeiner Geltung«[313]. Für eine Vielzahl von Menschen gilt nach wie vor: »Niemand hat das Recht auf Selbsttötung«. Jede Selbsttötung wird dann als Selbst*mord* angesehen und damit als eine nicht nur juristisch, sondern auch moralisch verwerfliche Handlung.

Wäre es angesichts dieser Lage, fragt Kamlah, nicht angezeigt, einmal die Gegenthese aufzustellen und zu prüfen, wie es um sie steht: »Jeder hat das Recht auf den eigenen Tod«. Aber hier taucht sogleich eine erste Schwierigkeit auf. Denn wie Kamlah die Sache sieht, lautet die logische Gegenthese gegen die Behauptung »Niemand hat das Recht auf Selbsttötung« nicht: »Jeder hat das Recht auf Selbsttötung«, sondern: »Es gibt Fälle, in denen die Selbsttötung moralisch erlaubt ist«. Denn wenn heutzutage der generellen Verurteilung der Selbsttötung widersprochen wird, dann hat man eigentlich nur dies im Blick. Die radikalere Gegenthese, daß jeder ein Recht auf Selbsttötung habe, hat, wenn sie ohne Einschränkung formuliert wird, aus der Sicht Kamlahs kaum Anhänger gefunden.[314]

Formuliert man die widerstreitenden Positionen so, wie Kamlah es hier tut, dann steht die These, daß die Selbsttötung zuweilen moralisch verboten ist, in keinerlei »logischem Gegensatz« zu der Ansicht, daß es Fälle gibt, in denen die Selbsttötung moralisch erlaubt ist. Beide Thesen sind dann sehr wohl miteinander verträglich. Aber einen wichtigen Unterschied gilt es dennoch zu beachten: Wenn man die Selbsttötung »in der Regel« für moralisch verboten und nur »in Ausnahmefällen« für erlaubt erklärt, dann ist das etwas anderes als wenn man umgekehrt behauptet, die Selbsttötung sei »in der Regel« zulässig, also »prinzipiell« erlaubt und nur »in Ausnahmefällen« verboten. Im zweiten Fall folgt man dem Grundsatz: »in dubio pro libertate« – im Zweifel für die Freiheit.[315]

Es zeigt sich: Statt schnell und zielstrebig auf die Beantwortung der Frage, ob es ein Recht auf den eigenen Tod gibt, zuzusteuern, versucht Kamlah in einem ersten Schritt die Sachlage logisch sauber zu klären. Von einer solchen »Verflechtung von Ethik und Logik« könnte man, wie er selbst gesteht, enttäuscht sein. Und er räumt auch ein, eine solche Enttäuschung sei verständlich. Aber er hält sie für vermeidbar für denjenigen, der sich von dem Vorurteil zu befreien vermag, Logik sei »mit der Fülle des Lebens und dem Ernst des Sterbens unvereinbar«. Für Kamlah ist das Gegenteil der Fall: »Die Unruhe des Lebens und des Sterbens [ist] ohne die Ruhe der Vernunft nicht zu bestehen«[316]. So ist »klares und begrifflich präzises Denken« auch und gerade angesichts solch schwerwiegender Probleme, wie die Selbsttötung eines ist, »unerläßlich«[317].

Zu welchen Resultaten führt nun solch enge Kopplung von Ethik und Logik? Kamlah arbeitet zunächst zwei heraus. Erstens: Unter Rückgriff auf die Verwerfung der Selbsttötung durch Augustinus macht Kamlah geltend, ein generelles Verbot der Selbsttötung lasse sich nicht begründen durch den »Augustinischen Trick«, der in der Anwendung des lateinischen Wortes *homicidium* = »Menschentötung« auch auf die Selbsttötung besteht. Denn wenn jemand freiwillig sein Leben aufgibt, dann hat diese Tat mit allem, was strafrechtlich in der Begrifflichkeit von »Mord«, »Totschlag«, »fahrlässiger Tötung« usw. abgehandelt wird, nichts zu tun. Freiwillig Hand an sich selbst legen – das ist eine Handlung ganz eigener Art, die mit jener Begrifflichkeit gar nicht adäquat erfaßt werden kann.

Zweitens läßt sich nach Kamlah ein generelles moralisches Verbot der Selbsttötung auch dadurch nicht begründen, daß man darauf hinweist, der Mensch habe den Tod ebenso wie die Geburt als Widerfahrnis hinzunehmen und folglich dürfe er nicht selbst über sein Leben verfügen. Hier ist mit Kamlah darauf aufmerksam zu machen, daß im Unterschied zur Geburt der Tod »dem mitwirkenden Zugriff des eigenen Handelns« gerade offensteht. Und nur weil das so ist, stellt sich überhaupt die Frage, ob es ein Recht auf den eigenen Tod gibt.[318]

Bei all dem geht Kamlah davon aus, daß es wohl immer Ausnahmesituationen sein werden, in denen der Freitod moralisch erlaubt ist. Aber das erklärt sich gerade nicht daraus, daß es ein generelles moralisches Verbot der Selbsttötung gibt. Hierfür sind nach An-

sicht Kamlahs vielmehr andere Faktoren ausschlag-
gebend. Zunächst einmal ziehen Menschen, die unter
guten oder doch erträglichen Bedingungen leben, in
der Regel den Freitod gar nicht in Erwägung. Das
findet sprachlich seinen Ausdruck in der Formulierung: »Ich bin doch nicht lebensmüde!« Zudem liegt
in den meisten Fällen von gelungener oder versuchter
Selbsttötung diese gar nicht im wohlverstandenen
Interesse des Betroffenen. Vielmehr ist sie verursacht
durch Krankheitszustände, wie zum Beispiel durch
endogene Depressionen, oder durch situationsabhän-
gige Affekte wie beispielsweise enttäuschte Liebe, Prü-
fungsangst oder Verzweiflung, die aus schwerer aber
heilbarer Not entsteht. Und schließlich gibt es Fälle, in
denen jemand aus durchaus gewichtigen Gründen den
Freitod in Erwägung zieht, aber von der Ausführung
der Tat Abstand nimmt, weil er sich durch noch
unbewältigte Aufgaben oder Pflichten und Rücksichten auf andere Menschen gebunden fühlt.

Aber läßt sich dem allen entnehmen, es gebe niemals ein Recht auf den eigenen Tod? Höchstens dem
Anschein nach, meint Kamlah. »Gerade nämlich«,
schreibt er, »wenn man annimmt, daß die Zahl der
Fälle moralisch erlaubter Selbsttötung verschwindend
klein ist, kommt alles darauf an, sie nicht zu über-
sehen. Was de facto sehr selten vorkommt, kann doch
de principio moralisch zulässig und für unser bedräng-
tes menschliches Leben sehr bedeutsam sein«.

Wie aber kann man die moralische Erlaubtheit solcher Fälle von Selbsttötung begründen? Kamlah hält
dafür, daß man bei der Begründung jeder moralischen
oder rechtlichen Norm von einer moralischen Grundnorm ausgehen müsse, die ohne Einschränkung gene-

rell gelte. Diese moralische Grundnorm lautet: »Beachte in jeder Situation, daß der andere Mensch bedürftig ist ebenso wie du selbst, und handle demgemäß!«[319] Wichtig ist für ihn im Zusammenhang mit der Erläuterung dieser Grundnorm, daß man unterscheidet zwischen den »(wahren) Bedürfnissen« eines Menschen und beliebigen Wünschen, also bloßen »Begehrungen«. Beachtet man diese Unterscheidung, dann ist es Kamlah zufolge beispielsweise geboten, dem Versuch eines Achtzehnjährigen, sich aus unglücklicher Liebe umzubringen, entgegenzuwirken. Denn der Achtzehnjährige kann noch ein reiches Leben vor sich haben, und sein Wunsch zu sterben entspricht gar nicht seinem wahren Bedürfnis. Andererseits aber gilt: »Wenn ein unheilbar Kranker zu sterben wünscht, so entspricht dieser Wunsch seinem wahren Bedürfen, und er hat das Recht auf den eigenen Tod auch dann, wenn dieser Tod anderen wehtut«[320].

Vor allem im Blick auf dieses letzte Beispiel ist eine weitere wichtige Unterscheidung zu beachten: die nämlich zwischen bloßem Leben im Sinne von biologischem »am Leben sein« und »lebenswertem Leben«[321]. Freilich: Woran bemißt sich, ob ein Leben lebenswert ist oder nicht? Nicht zuletzt der Mißbrauch dieses Begriffs im Dritten Reich dürfte hier zur Vorsicht mahnen. Kamlahs Position ist sehr entschieden: Ob das Leben eines Menschen ein lebenswertes ist oder nicht, das bemißt sich einzig und allein an diesem Leben selbst – und nie an »Beurteilungen durch die Gesellschaft oder durch den Staat oder gar durch die Partei«[322].

Im Ausgang von diesen Unterscheidungen und der vorhergegangenen logischen Klärung der Problemstellung formuliert Kamlah ein Fazit. Vier Aspekte sind dabei von Bedeutung. Erstens folgt aus der moralischen Grundnorm das prinzipielle Verbot der Tötung *anderer* Menschen. Ein prinzipielles Verbot der Selbsttötung hingegen läßt sich aus ihr nicht ableiten. Zweitens: Gemäß der moralischen Grundnorm hat jeder das Recht zu leben, das heißt für die Befriedigung seiner wahren Bedürfnisse, für die Bedingungen eines als gut und erfüllt empfundenen Lebens – also für die Bedingungen seiner »Eudämonie« – zu sorgen. Kann man aber seine Eudämonie nur noch dadurch bewahren, daß man freiwillig Abschied vom Leben nimmt, dann wird ihm dieses Recht durch die moralische Grundnorm legitimiert. Das heißt also, aus der moralischen Grundnorm ergibt sich »die moralische Erlaubnis, sich aufgrund ruhiger und reiflicher Erwägung von einem überschwer gewordenen, nicht mehr erfüllten und nicht mehr wiederherstellbaren Leben zu befreien« – wobei Kamlah allerdings die Einschränkung macht: »sofern diesen Rechten nicht Forderungen, die gleichfalls aus der moralischen Grundnorm hervorgehen, in zumutbarer Weise entgegenstehen«[323].

Aus diesem Recht auf den eigenen Tod folgert Kamlah – und das ist der dritte Aspekt seines Fazits – ein Recht des einzelnen »auf einen menschenwürdigen, sanften Tod, d.h. auf einen Tod, der ihn in ruhiger Gelassenheit sterben läßt«. Und gerade diesbezüglich kann es, wie Kamlah ergänzend hinzufügt, durchaus Situationen geben, in denen der geeignete Helfer auf dem Weg zu einem solchen Tod der Arzt wäre.[324]

Und viertens schließlich hat das Plädoyer für die moralische Erlaubtheit des Selbstmords einen nicht gering zu veranschlagenden Nebeneffekt: kann es doch hilfreich sein für Menschen, die womöglich gar nicht von der Selbsttötung Gebrauch machen, die aber doch wissen, »daß sie in einer ausweglosen Lage davon Gebrauch machen könnten«[325].

So führt die enge Verflechtung von Ethik und Logik bei Kamlah dahin, »daß die gerechtfertigte Selbsttötung als eine menschliche Handlung verstehbar« ist: Sie ist, wie Kamlah das ausdrückt, »Befreiung von einem überschwer gewordenen Leben«. »Wer sich so befreit«, faßt er zusammen, »tritt damit der Blindheit einer Natur entgegen, die sich nicht darum kümmert und nicht darum kümmern kann, ob ein Mensch noch ein lebenswertes Leben führt oder nur noch am Leben ist«[326].

4. Ganz man selber sein: Emile M. Cioran

E. M. Cioran – am 8. April 1911 in der Nähe von Hermannstadt in Siebenbürgen geboren und am 20. Juni 1995 in Paris gestorben – ist alles andere als ein systematischer Denker. Seinen wunderbar luziden Einsichten gibt er in geschliffenen Aphorismen und sarkastisch-bösen Wendungen Ausdruck. Verfall, Verzweiflung, Langeweile, Öde, Leere, Sinnlosigkeit des Daseins – das sind Erfahrungen, die im Zentrum seines Denkens stehen. *Lehre vom Zerfall*, *Vom Nachteil, geboren zu sein*, *Die verfehlte Schöpfung*, *Auf den Gipfeln der Verzweiflung*: die Titel seiner Bücher sind Programm. Die gesamte Schöpfung, davon ist

Cioran überzeugt, ist verfehlt, ist »im Zustand des Entwurfes« geblieben, ist das Werk eines »unglücklichen und bösen«, ja eines »verfluchten« Gottes.[327] Der Mensch ist der dunkle Punkt dieser Schöpfung.[328] Sein Leben hat keinen Sinn, mehr noch: *kann* keinen haben.[329] Wir alle sind unglücklich – aber nur die wenigsten wissen darum.[330] Daher gibt es für Cioran keinerlei Argumente für das Leben: »Ich verstehe absolut nicht«, schreibt er, »was ich in dieser Welt zu suchen habe«[331]. Was also hält uns dann in diesem Dasein? Im Grunde nur unser lückenhaftes Gedächtnis und unsere mangelhafte Phantasie: »Besäßen wir ein Gedächtnis, in dem alles wunderbar gegenwärtig bliebe«, heißt es in der *Lehre vom Zerfall*, »ein Gedächtnis, das all unsere vergangene Mühsal getreu aufbewahrte: wir würden zusammenbrechen unter dieser Last. *Das Leben ist nur möglich dank der Mangelhaftigkeit unserer Vorstellungskraft und unseres Gedächtnisses*«[332].

Es ist klar, daß in einem so gearteten Denken dem Gedanken an Selbstmord immer wieder Raum gegeben wird. Das geht bei Cioran einher mit vehementer Kritik an den Versuchen von Kirche und Obrigkeit, den Selbstmord als ethisch unerlaubt hinzustellen und ihn als verdammungswürdige Tat zu diskreditieren. Zwar sieht er sehr deutlich, daß beispielsweise die Religionen den Menschen deshalb verboten haben, Hand an sich zu legen, weil sie darin ein Beispiel von Ungehorsam erblickten, »das Götter und Tempel herabwürdigte«[333]. Im Grunde aber, so seine Auffassung, haben weder die Religionen noch die Obrigkeit bisher auch nur ein einziges tragfähiges und stichhaltiges Argument gegen den Selbstmord formulieren können.

All die Bedenken, die im Laufe der ›tausendjährigen Verschwörung gegen den Selbstmord‹ vorgebracht worden sind,[334] gehen sofort zu schanden beim »Ansturm eines unwiderlegbaren Kummers« und einer »tausendfältigen Trostlosigkeit«. Was nämlich, fragt Cioran, »will man dem, der das Leben nicht länger ertragen kann, entgegenhalten?«[335]

Wie anders standen da doch die Weisen der Antike da, die sich selbst den Tod gaben! Sie, so heißt es einmal bei Cioran, »hatten eine Disziplin des Freitodes geschaffen, die wir Heutigen verlernt haben«. Durch den im Abendland nun schon zweitausend Jahre währenden Kampf gegen den Selbstmord sind wir »zu einer geistlosen Agonie auserkoren«: weder sollen wir Urheber unseres letzten Augenblicks noch Herr unseres letzten Lebewohls sein – »das Ende ist nicht mehr *unser* Ende«[336]. Nicht wir sind es, die über unser Ende befinden, sondern der sogenannte natürliche Tod. »Routiniers der Verzweiflung, willigen wir in unser Kadaverdasein ein, überleben wir uns alle; und sterben wir, so nur um eine unnütze Formalität zu erledigen«[337]. Das aber ist für Cioran würdelos.

So fragt er: Wie können wir ein solches Dasein nur ertragen? Und er antwortet darauf: Es ist wohl gerade der Gedanke, daß ich die Möglichkeit habe, der Qual des Daseins ein Ende machen zu können, der mich immer wieder dazu veranlaßt, es am nächsten Tag doch noch einmal mit dem Leben zu versuchen: »Im Gefängnis geboren, mit überbürdeten Schultern und Gedanken, könnten wir auch nicht einen einzigen Tag beenden, wenn uns die Möglichkeit, allem ein Ende zu bereiten, nicht dazu antriebe, den Tag darauf neu zu beginnen«[338]. Der Gedanke an den eigenen Tod, freiwillig und mit Bewußtsein vollzogen, hätte demnach etwas Tröstliches: »Daß es in unserer Macht steht, uns umzubringen, ist ein Trost, der die Behausung, in der wir nach Atem ringen, zu einem unendlichen Raum ausdehnt«[339]. Aber der Gedanke an Selbstmord spendet nicht nur Trost; in ihm bekundet sich zudem *Macht* über unser Dasein. Denken wir an Selbstmord, dann steht unser Leben in unserer Gewalt: wir können mit ihm schalten und walten, wie wir wollen – und uns die letzte Entscheidung doch versagen. Dann lassen wir uns wieder ins Dasein zurückführen. Aber *daß* wir dieses Dasein beenden *könnten* – das ist das für Cioran Entscheidende. Die Welt kann uns um so ziemlich alles bringen – »außer um die Freiheit, Hand an sich zu legen«. Und eben diese Freiheit »flößt uns eine derartige Kraft und einen solchen Stolz ein, daß wir der Last, unter der wir stöhnen, schließlich Herr werden«[340].

Hat man sich aber nun einmal dafür entschieden, sich selbst abzuschaffen, dann wird die Last des Lebens plötzlich leicht, dann geschieht »eine blitzartige Befreiung«[341]. In diesem Augenblick, in dem wir uns selbst vernichten, heben wir sämtliche Augenblicke auf. Und das ist etwas, was selbst Gott nicht könnte.[342]

Aber im Selbstmord dokumentiert sich für Cioran nicht nur die *Freiheit* des einzelnen. Für den, der entschlossen ist, sich zu töten, ist er zugleich ein Akt des *Heils*. Der natürliche Tod, schreibt Cioran, »wird nicht unbedingt als Befreiung empfunden; der Selbstmord befreit immer: er ist *summum*, ein Übermaß an Heil«[343]. Warum? – läßt sich fragen. Cioran verdeutlicht das, was er meint, mit folgender Gedankenlinie.

Der Selbstmörder erstrebt nichts sehnlicher als seine eigene Vernichtung; an nichts ist ihm weniger gelegen als an einem ewigen Sein. Himmel und Erde lehnt er ab – vor allem aber auch sich selbst. Aber in dem Moment, in dem er sich vernichtet, geschieht etwas Seltsames: Denn indem er sich zerstört, zerstört er zugleich all die Gründe, die er hatte, sich abzulehnen und sich zu verachten. Mithin begeht der Selbstmörder eine Tat, »in der man sich findet, in der man plötzlich ganz man selber ist«[344]. Dem haftet etwas durchaus Ironisches an: Man tötet sich, um sich selbst zu entrinnen – und genau in diesem Akt findet man sich, wird man ganz man selber, wird man wieder heil, versöhnt man sich wieder mit sich selbst.

Mit diesem Gedanken hat Cioran die Diskussion um den Selbstmord um eine ungewöhnliche Perspektive erweitert und bereichert. Der Selbstmord als Akt der Befreiung, als finaler Befreiungsschlag sozusagen – das haben auch Frühere wiederholt betont. Aber ihn begreifen als Akt der Selbstfindung – das ist neu. Im Moment des freiwillig vollzogenen Todes ganz man selber sein: das ist, wie Cioran das einmal ausgedrückt hat, »eine plötzliche Vollendung«, das ist »das Nirwana *mit Gewalt*«[345]. Klar, daß dem Selbstmord, so gesehen, von Cioran eine eminent hohe ethische Valenz zugesprochen wird. »Außer dem Selbstmord«, heißt es kurz und bündig in der *Lehre vom Zerfall*, »gibt es kein Heil«[346]. Und eben weil das so ist, ist der Selbstmord für Cioran die *edelste Geste*.[347] Damit werden alle Bestrebungen selbsternannter Sittlichkeitsfanatiker, den Selbstmord in ein trübes Licht zu rücken und ihm den Ruch des ethisch Unerlaubten anzuhängen, desavouiert.

V

Resümee

Man hat auf dem Posten auszuharren, auf den der
Gott einen gestellt hat, denn wir ›gehören‹ nicht uns
selbst und dürfen daher nicht über uns verfügen: Mit
diesem Argument stellt sich Platon an die Spitze derjenigen, die in den nächsten zweieinhalb Jahrtausen-
den Stellung gegen die ethische Erlaubtheit des
Selbstmords beziehen werden. Damit ist zugleich der
entscheidende Gedanke formuliert, der fortan die
leitende Idee derjenigen sein wird, die sich für die
Verwerfung des Selbstmords aussprechen: Freiwillig
aus dem Leben zu scheiden – das ist Ausdruck einer
Freiheit, die uns als Sterblichen nicht zusteht. Im Kontext dieser Diskussion stellt die formalrechtliche
Argumentation des Aristoteles einen Sonderfall dar.
Wenn er vom Staat nicht eigens erlaubt ist, so hörten
wir ihn sagen, dann ist der Selbstmord verboten. Die
moralische Dimension, in die Platon den Selbstmord
einrückte, wird damit aber von vornherein verfehlt.
Dezidiert moralisch ausgerichtet sind hingegen die
Überlegungen Augustins. Sie stützen sich auf das
Tötungsverbot des Dekalogs und operieren mit der
Annahme, daß derjenige, der sich tötet, einen *Mord*

begehe, genauer: einen Mord an der eigenen Person. Und wer sich diese Freiheit herausnehme, der habe dafür mit ewiger Pein zu bezahlen. Auf diese Weise versucht Augustinus, der sich im Akt des Selbstmords bezeugenden, uns seiner Ansicht nach jedoch nicht zustehenden Freiheit mit einer Strafandrohung zu begegnen.

All diese Argumente werden von Thomas von Aquin zu einer Synthese zusammengefügt mit dem Ziel, alle nur denkbaren Perspektiven, unter denen sich möglicherweise ein stichhaltiges Argument für die ethische Erlaubtheit des Selbstmords gewinnen lassen könnte, auszuschließen. So fährt er nicht nur ein einzelnes Geschütz gegen den Selbstmord auf, sondern gleich eine ganze Batterie. Dabei nimmt er zudem Argumente vorweg, die dann bei Späteren im Zentrum der Diskussion stehen werden. Daher finden wir bei ihm nicht nur die von Platon her sattsam bekannte Schlußfigur, freiwillig das Leben zurückzugeben, das stehe uns schon allein deshalb nicht zu, weil wir damit über eine Sache befinden, über die wir gar nichts zu befinden haben, sondern beispielsweise auch das Argument, dem Menschen als Naturwesen gehe es zunächst und vor allem darum, sich selbst zu erhalten, oder die Behauptung, der einzelne habe Pflichten gegenüber der Gemeinschaft, in deren Mitte er lebt. Sie alle werden zum Einsatz gebracht – und das ist der eigentliche Punkt, auf den es Thomas ankommt –, um die sich im Akt der Selbsttötung bekundende Freiheit als Anmaßung und Hybris darzutun, die mit entsprechenden Strafen geahndet werden wird.

Die neuzeitliche Debatte wird eröffnet mit dem Hinweis auf die Selbsterhaltung als den menschlichen

Grundtrieb schlechthin (Hobbes, Locke, Spinoza, Rousseau). Gekoppelt wird es im Zeitalter der Aufklärung (beispielsweise von Diderot) mit dem Verweis auf die Pflichten, die man dem Nächsten und der Gemeinschaft gegenüber hat. Daß der Mensch Pflichten hat, ist ein für die praktische Philosophie Kants zentraler Gedanke. Aber bei ihm geht es weniger um die Pflichten gegenüber der Gesellschaft, als vielmehr in erster Linie um die Pflichten gegen sich selbst. Selbstmord begehen – das heißt für Kant: sich selbst als Subjekt der Moralität vernichten. Und da wir uns nach Kant allein im moralischen Handeln als frei erfahren, würden wir uns durch Selbstmord letzten Endes unserer Freiheit begeben. Kant behauptet also *nicht*, im Akt des Selbstmords würden wir von einer Freiheit Gebrauch machen, die uns nicht zusteht. Die Pointe seiner Argumentation besteht vielmehr darin: Wenn wir uns selbst töten, dann schneiden wir uns für immer von der Möglichkeit ab, frei handeln zu können, denn frei handeln – das können wir einzig als Subjekt der Moralität.

Dieser Gedanke Kants: durch die freiwillige Selbsttötung verletzten wir unsere Pflichten gegen uns als moralisches Subjekt, als »Person«, begegnet in der Folgezeit – allerdings mit je unterschiedlicher Akzentsetzung – bei Fichte, Hegel und Durkheim. Alle drei betonen den hohen Wert, der dem Menschen als »Person« zukommt. Und alle drei sprechen sich von dieser Basis her gegen ein Verfügungsrecht des einzelnen über sein Leben aus.

Damit sind die Schlüsselargumente, die von der Antike bis in die Moderne vorgebracht worden sind, um die Verwerflichkeit des Selbstmords zu demonstrieren, im wesentlichen resümiert. Zu erwähnen sind noch die Positionen Schopenhauers und des gedanklich von ihm inspirierten Eduard von Hartmann. Schopenhauers Argumentation gegen den Selbstmord nimmt insofern eine Sonderstellung ein, als er mit keinem der Argumente, die bislang begegneten, operiert. Er vielmehr versucht die Verwerfung des Selbstmords metaphysisch zu verankern. Aber diese Verankerung geschieht nicht in einer wie auch immer gearteten göttlich-transzendenten Instanz, sondern in einem anthropologisch gedeuteten Willen zum Leben. Der Selbstmörder, meint Schopenhauer, hat gerade einen enorm starken Willen zum Leben, nur die Bedingungen dieses Lebens schmecken ihm nicht. Wenn er sich daher umbringt, beweist und stärkt er damit nur den Willen zum Leben. Also muß alles darauf ankommen, den Willen zu verneinen, ihn still zu stellen. Und genau in einem solchen Akt bezeugt sich für Schopenhauer eine durch nichts zu überbietende Freiheit des Menschen. Aber das ist eben nur ein *individueller* Freiheitsakt, moniert Eduard von Hartmann, das ist nur Ausdruck krassester Selbstsucht. Erst wenn die Menschheit als ganzes ins Nichts zerfließen will, dann ist die Welt wahrhaft vom Willen zum Leben erlöst, ist das Nirwana, die absolute Schmerzlosigkeit, erreicht. So steigt an seinem Horizont die Vision eines kollektiven Verneinungsakts der Menschheit auf und – da sich in solcher Verneinung die Freiheit zeigt – die Imagination eines umfassenden, gewissermaßen globalen Freiheitsakts, durch den jedweder Kreatur ihre Erlösung wird.

Im 20. Jahrhundert sind kaum neue Argumente gegen die ethische Erlaubtheit des Selbstmords vorgebracht worden. Eine bemerkenswerte Ausnahme bildet Camus mit seiner These, zwar sei der Selbstmord das einzige ernstzunehmende ethische Problem, von dem alles weitere abhänge, doch gelte es gerade, ihn zu verwerfen, um die Erfahrung des Absurden – »jener hoffnungslosen Kluft zwischen der Frage des Menschen und dem Schweigen der Welt« – nicht zu verstellen. Statt diese Kluft zu schließen, kommt für Camus alles darauf an, sie offen zu halten. Diese Spannung, die die ganze Existenz durchzieht, hat der einzelne auszuhalten. Ihr *kann* und *darf* er nicht durch einen freiwilligen Akt der Selbsttötung entkommen.

Auf der anderen Seite haben die »Freunde« des Selbstmords von Anbeginn an auf der Freiheit, über sich selbst verfügen zu können, bestanden. Schon die Stoiker sahen wir bestrebt, einen ganzen Kanon von Fällen auszuarbeiten, in denen die freiwillige Selbsttötung nicht nur ethisch erlaubt ist, sondern geradezu als geboten erscheint. Es können sich, so sagen sie, im Leben des Menschen Situationen einstellen, in denen der einzelne seine Würde einzig dadurch wahren kann, daß er das Leben verläßt. Keineswegs, meinen die Stoiker, werde der Mensch von den Göttern in eine Festung gesperrt. Vielmehr – und darin kommt eine grandiose Umkehrung des Platonischen Bilds zum Ausdruck – sind die Götter selbst es, die uns die Türen öffnen, durch die wir das als unerträglich empfundene Lebenshaus verlassen können. Nur indem wir freiwillig aus dem Leben scheiden, sind wir imstande, uns unsere Freiheit zu wahren. So sieht es fast zweitausend Jahre später auch noch Michel de Montaigne.

Auch Holbach – wenngleich in einem anderen Kontext – arbeitet mit der Umkehrung eines scheinbar schlagkräftigen Arguments. Während Hobbes und andere die Instanz, die uns den Selbstmord verbietet, in der von der *Natur* gebotenen Selbsterhaltung erblicken, wird eben diese Natur von Holbach in Anspruch genommen, um die Erlaubtheit des Selbstmords aufzeigen zu können. Wer aus dem Leben scheidet, so behauptet er, beweist damit, daß er nur eine Anordnung der Natur, die ihn nicht mehr existieren lassen will, ausführt. Auf diese Weise gelingt es ihm, die Argumentationsbasis der Theoretiker der Selbsterhaltung gegen diese selbst zu wenden. Allerdings ist der von der Natur »angeordnete« Selbstmord kein freier Akt des Subjekts, sondern ein durch den Lauf der Natur determiniertes Ereignis, dem sich entgegenzustellen sinnlos und vergebens wäre. So kann Holbach den Selbstmord nur um den Preis legitimieren, daß er ein ganz und gar naturalistisches und deterministisches Bild vom Menschen entwirft.

Um einiges differenzierter wird die Verteidigung des Selbstmords von David Hume angegangen. Er startet einen Generalangriff auf alle bis dahin gegen die ethische Erlaubtheit des Selbstmords vorgebrachten Argumente. Weder die Ansicht, der Selbstmörder verletze seine Pflichten gegenüber Gott, noch die, er verletze die Pflichten gegenüber seinen Nächsten und gegen sich selbst, halten seiner kritischen Attacke stand. Ihnen allen wird die Spitze abgebrochen. Damit zugleich wird der Blick frei für die *humanen* Aspekte des Selbstmords, die von den »Verächtern« des Selbstmords nur zu gern unter den Tisch gekehrt werden – gibt es doch Situationen, in denen der freiwillige

Abschied vom Leben die einzige Möglichkeit ist, sich einen Rest von Würde und Humanität zu wahren.

Stärker *eudämonistisch* ausgerichtet als der Impetus Humes ist der Feuerbachs. Leben wollen, so lautet Feuerbachs Kernthese, heißt glücklich sein wollen. Sind die Lebensumstände jedoch dermaßen widrig, daß der Glückseligkeitstrieb nicht mehr *im* Leben befriedigt werden kann, dann kann dem nach Feuerbachs Sicht der Dinge einzig dadurch abgeholfen werden, daß sich der Glückseligkeitstrieb – und zwar ein letztes Mal – dadurch befriedigt, daß er sich im freiwilligen Tod des Individuums selbst aufhebt. In eine ähnliche Richtung denkt auch Nietzsche. Gerade weil man das Leben liebt, so lautet seine Forderung, sollte man den Tod frei und bewußt wollen. Den Tod zur rechten Zeit wollen und ihn frei und mit vollem Bewußtsein vollziehen: das ist ein Akt ganz nach dem Geschmack des Umwerters aller Werte.

Mit dieser Sicht ist eine Perspektive eingenommen, die im 20. Jahrhundert so oder ähnlich wiederholt bemüht wird, wenn für den Selbstmord Partei ergriffen wird. Jean Améry beispielsweise entwickelt eine ethische Position, die das Selbstbestimmungsrecht und die Freiheit des einzelnen einklagt, selbst zu entscheiden, was er mit seinem Leben macht. So gibt es – juristisch gesprochen – durchaus ein »Recht auf den eigenen Tod«, wie es Wilhelm Kamlah formuliert. Und Emile Cioran gar erblickt im Freitod einen Akt der Befreiung, der – so paradox es auch klingen mag – mit einem Schlag das beschädigte Leben heilt.

Dieses Resümee, so denke ich, macht zunächst einmal deutlich, daß sich die Überlegungen, die in der abendländischen Geistesgeschichte vorgebracht worden sind, um den Selbstmord als eine ethisch höchst verwerfliche Tat zu diskreditieren, im Grunde auf einige wenige Standardargumente zurückführen lassen, nämlich: Der Selbstmörder verläßt unerlaubt seinen Platz, auf den Gott ihn gestellt hat, er verstößt gegen das Gebot der Selbsterhaltung, und er verletzt seine Pflichten gegen Gott, gegen seine Nächsten und gegen sich selbst. Den Plädoyers *für* den Selbstmord gelingt es nicht nur, diese Argumente zu entschärfen. Darüber hinaus entwickeln sie differenzierende Perspektiven, die den Selbstmord in einem auch ethisch positiven Licht erscheinen lassen. Aber allen – sowohl den »Verächtern« als auch den »Freunden« des Selbstmords – ist eines gemeinsam: Die Diskussion kreist letztlich immer um die Frage, ob die Freiheit, die sich im Akt des Selbstmords bekundet, dem Menschen zusteht oder nicht. Daß diese Frage von denjenigen, die den Selbstmord befürworten, bejaht wird, liegt auf der Hand. Aber auch diejenigen, die ihn als ethisch unerlaubte Handlung hinstellen und dem einzelnen argumentativ diese Freiheit nehmen wollen, beweisen damit nur zu deutlich – wenn auch indirekt –: *Der Selbstmord ist die Signatur der Freiheit.*

Nachweise und Anmerkungen

1 In: Albin Eser (Hrsg.), *Suizid und Euthanasie als human- und sozialwissenschaftliches Problem.* Stuttgart 1976, S. 244.

2 Emile Durkheim, *Der Selbstmord.* Mit einer Einleitung von Klaus Dörner und einem Nachwort von René König. Neuwied, Berlin 1973, S. 25.

3 A. a. O., S. 25f.

4 A. a. O., S. 26.

5 A. a. O., S. 27.

6 Ebd.

7 A. a. O., S. 29.

8 Diesbezüglich aufschlußreich ist immer noch Karl Mennigers aus psychoanalytischer Sicht verfaßte Studie *Selbstzerstörung.* Frankfurt/Main 1974 (Orig.: *Man against himself,* New York 1938).

9 S. dazu Emile Durkheim, *Der Selbstmord,* a. a. O.

10 Für eine erste Orientierung empfehlenswert ist Erwin Stengel, *Selbstmord und Selbstmordversuch.* Frankfurt/Main 1969.

11 Als Beispiel sei Ulrich Horstmann angeführt, *Das Untier. Konturen einer Philosophie der Menschenflucht.* Frankfurt/Main 1985.

12 Platon, *Phaidon,* 61c; Sämtliche Werke, übersetzt von Friedrich Schleiermacher, Hamburg 1958, Bd. III, S. 14.

13 Phaidon, 62 a; a. a. O., S. 15.

14 Dieser Gedanke dürfte wohl zuerst von Pilolaos, einem Pythagoreer des 5. vorchristlichen Jahrhunderts, formuliert worden sein. Siehe Philolaos, fr. 15, in H. Diels/W. Kranz, *Die Fragmente der Vorsokratiker.* 11. Auflage, Zürich, Berlin 1964, Bd. I, S. 414.

15 *Phaidon,* 62 c; a. a. O., S. 15.

16 *Phaidon,* 63 b; a. a. O., S. 16.

17 Platon, *Nomoi,* 873 d; a. a. O., Bd. VI, S. 235.

18 Ebd.

19 Ebd.

20 Ebd.

21 Aristoteles, *Nikomachische Ethik*, 5. Buch, Kap. 15, 1138 a 5ff.

22 *Nikomachische Ethik*, 1138 a 8ff.

23 *Nikomachische Ethik*, 1138 a 12ff. – Diese Argumentation des Aristoteles, hat A. Alvarez dazu angemerkt, »ist logisch einwandfrei, doch merkwürdig unerheblich für den Akt des Selbstmords selbst, kaum ein Argument, meine ich, das auf den Seelenzustand eines Menschen, der im Begriff ist, sich das Leben zu nehmen, eine Wirkung ausüben könnte. Die Tatsache, daß es als zwingend galt, bedeutet – sieht man von Aristoteles' gewaltiger Autorität ab –, daß die Einstellung zum Problem des Selbstmords sich durch sonderbare Kühle und Distanziertheit auszeichnete« (A. Alvarez, *Der grausame Gott. Eine Studie über den Selbstmord.* Hamburg 1974, S. 72).

24 Aurelius Augustinus, *Vom Gottesstaat (De Civitate Dei).* Aus dem Lateinischen übertragen von Wilhelm Thimme, 2. Aufl., München 1985, Bd. 1, S. 40.

25 A. a. O., S. 44.

26 A. a. O., S. 32.

27 A. a. O., S. 33f.

28 A. a. O., S. 34.

29 A. a. O., S. 37.

30 Ebd.

31 A. a. O., S. 38.

32 Ebd.

33 A. a. O., S. 39.

34 Ebd.

35 A. a. O., S. 40.

36 A. a. O., S. 41f.

37 A. a. O., S. 42.

38 A. a. O., S. 45.

39 A. a. O., S. 46.

40 Ebd.

41 Siehe a. a. O., S. 46f.

42 Siehe *Nikomachische Ethik,* 5. Buch, Kap. 15, 1138 a 4-5, 14-18, 26; vgl. auch Kap. 10, 1134 b 9-13.

43 Siehe V*om Gottesstaat*, a. a. O., Bd. 1, S. 39.

44 5. Buch, Kap. 15, 1138 a 11-14.

45 Siehe *Nikomachische Ethik*, 3. Buch, Kap. 9, 1115 a 26-27.

46 V*om Gottesstaat*, a. a. O., S. 40.

47 Siehe *Nikomachische Ethik*, 3. Buch, Kap. 11, 1116 a 12-16.

48 Siehe *Vom Gottesstaat*, a. a. O., S. 40ff.

49 Diogenes Laertios, *Leben und Meinungen berühmter Philosophen*, VII, 28.

50 A. a. O., VII, 31.

51 A. a. O., VII, 176.

52 A. a. O., VII, 184f.

53 *Annalen* 15, 60ff.

54 Siehe hierzu H. von Arnim, *Stoicorum Veterum Fragmenta*. Stuttgart 1964, I, 190.

55 Darin stimmen die Stoiker mit den Epikureern überein. Siehe vor allem Epikurs *Brief an Menoikeus*.

56 S*toicorum Veterum Fragmenta*, III, 54; hier zitiert nach *Stoa und Stoiker*. Eingeleitet und übertragen von Max Pohlenz. 2. Aufl., Zürich, Stuttgart 1964, S. 145f.

57 Siehe *Stoicorum Veterum Fragmenta* III, 127 und 761; *Stoa und Stoiker*, S. 146.

58 Siehe *Stoicorum Veterum Fragmenta*, III, 757-768; *Stoa und Stoiker*, S. 146; ferner Max Pohlenz, *Die Stoa. Geschichte einer geistigen Bewegung*. 3., unveränderte Aufl., Göttingen 1964, Bd. 1, S. 156.

59 Siehe *Stoa und Stoiker*, S. 146.

60 Siehe Adolf Bonhöffer, *Die Ethik des Stoikers Epictet*. Stuttgart 1894. Faksimile-Neudruck Stuttgart-Bad Cannstatt 1968, S. 30.

61 Siehe Max Pohlenz, *Die Stoa*, S. 156.

62 Z. B. *Diatribai* I 9, 20; III 8, 6; III 13, 14; III 22, 34.

63 Siehe *Diatribai* IV 10, 27f.

64 *Über die Vorsehung*, Kap. 6; hier zit. nach Lucius Annaeus Seneca, *Vom glückseligen Leben und andere Schriften*, hrsg. von Peter Jaerisch, Stuttgart 1993, S. 114.

65   *Über den Zorn*, Buch III, Kap. 15; hier zit. nach Lucius
       Annaeus Seneca, *Vom glückseligen Leben und andere
       Schriften*, a. a. O., S. 124f.

66   *Briefe an Lucilius*, 70, 15; in: Lucius Annaeus Seneca,
       Philosophische Schriften. Übersetzt, mit Einleitungen und
       Anmerkungen versehen von Otto Apelt, Hamburg 1993, 3.
       Bd., S. 267f.

67   Michel de Montaigne, *Die Essais*, hrsg. von Arthur Franz.
       5. Aufl., Leipzig 1986, S. 366.

68   Ebd.

69   Ebd.

70   A. a. O., S. 62f.

71   A. a. O., S. 63.

72   Siehe a. a. O., S. 180.

73   A. a. O., S. 181.

74   Siehe ebd.

75   Ebd.

76   Siehe a. a. O., S. 184f.

77   A. a. O., S. 185.

78   Ebd.

79   A. a. O., S. 183.

80   A. a. O., S. 184.

81   A. a. O., S. 181f.

82   A. a. O., S. 186.

83   Thomas Hobbes, *Leviathan oder Stoff, Form und Gewalt
       eines bürgerlichen und kirchlichen Staates*. Herausgegeben
       und eingeleitet von Iring Fetscher, Darmstadt, Neuwied
       1976, S. 96.

84   Thomas Hobbes, *Grundzüge der Philosophie*. Zweiter und
       dritter Teil, *Lehre vom Menschen – Lehre vom Bürger*.
       Übersetzt von Max Frischeisen-Köhler, Leipzig 1949,
       S. 22.

85   Siehe *Leviathan*, S. 95.

86   *Leviathan*, S. 99.

87   Siehe *Leviathan*, S. 116f.

88   *Lehre vom Menschen – Lehre vom Bürger*, S. 22.

89   John Locke, *Über die Regierung*. Übersetzt von Dorothee
       Tidow. Stuttgart 1974, S. 7.

90   Jean-Jacques Rousseau, *Vom Gesellschaftsvertrag* I, 2; in *Kulturkritische und politische Schriften*, hrsg. von Martin Fontius, Berlin 1989, Bd. I, S. 383.

91   Jean-Jacques Rousseau, *Diskurs über die Ungleichheit*. Mit sämtlichen Fragmenten und ergänzenden Materialien nach den Originalausgaben und den Handschriften neu ediert, übersetzt und kommentiert von Heinrich Meier. Paderborn u.a. 1984, S. 173.

92   A. a. O., S. 415.

93   A. a. O., S. 133f.

94   Jean-Jacques Rousseau, *Emil oder Über die Erziehung*. Übersetzt von Ludwig Schmidts. 7., unveränderte Aufl., Paderborn u.a. 1985, S. 294.

95   A. a. O., S. 58f.

96   Baruch de Spinoza, *Die Ethik nach geometrischer Methode dargestellt*, III. Teil, Lehrsatz 7. Übersetzt von Otto Baensch. Hamburg 1976, S. 118.

97   *Ethik*, IV. Teil, Lehrsatz 3 und 8; a. a. O., S. 194 u. 197.

98   *Ethik*, IV. Teil, Lehrsatz 22, Folgesatz; a. a. O., S. 208.

99   *Ethik*, IV. Teil, Lehrsatz 18, Anmerkung; a. a. O., S. 205.

100 *Ethik*, IV. Teil, Lehrsatz 20; a. a. O., S. 206f.

101 *Ethik*, IV. Teil, Lehrsatz 18, Anmerkung; a. a. O., S. 205.

102 *Ethik*, IV. Teil, Lehrsatz 3 und Hauptsatz 32; a. a. O., S. 194 u. 261.

103 Siehe z.B. *Ethik*, IV. Teil, Lehrsatz 18, Anmerkung und Lehrsatz 20; a. a. O., S. 205 u. 207.

104 *Ethik*, IV. Teil, Lehrsatz 20, Anmerkung; a. a. O., S. 207.

105 Will und Ariel Durant, *Kulturgeschichte der Menschheit*, Bd. 14, Das Zeitalter Voltaires. Köln 1985, S. 405.

106 Denis Diderot, *Philosophische Schriften*. Aus dem Französischen übersetzt von Theodor Lücke. Berlin 1961, 1. Bd., S. 304.

107 Ebd.

108 Ebd.

109 *Essay über die Herrschaft der Kaiser Claudius und Nero sowie über das Leben und die Schriften Senecas – zur Einführung in die Lektüre dieses Philosophen* (1778-1782), in *Philosophische Schriften*, a. a. O., 2. Bd., S. 460.

110 *Philosophische Schriften*, a. a. O., 1. Bd., S. 304.

111 Siehe a. a. O., S. 304f.

112 A. a. O., S. 305.

113 Will und Ariel Durant, *Kulturgeschichte der Menschheit*, Bd. 14, a. a. O., S. 453.

114 Zit. nach Will und Ariel Durant, *Kulturgeschichte der Menschheit*, Bd. 14, a. a. O., S. 453f.

115 Paul Thiry d'Holbach, *System der Natur oder von den Gesetzen der physischen und der moralischen Welt*. Übersetzt von Fritz-Georg Voigt. Frankfurt/Main 1978, S. 12f.

116 A. a. O., S. 17.

117 Ebd.

118 A. a. O., S. 20.

119 A. a. O., S. 17.

120 A. a. O., S. 233.

121 A. a. O., S. 243.

122 A. a. O., S. 243f.

123 A. a. O., S. 244.

124 Ebd.

125 A. a. O., S. 245.

126 A. a. O., S. 246.

127 A. a. O., S. 245.

128 Ebd.

129 A. a. O., S. 246.

130 A. a. O., S. 248.

131 A. a. O., S. 243.

132 A. a. O., S. 246.

133 A. a. O., Anmerkung 84, S. 639.

134 A. a. O., S. 248.

135 Ebd.

136 Ebd.

137 A. a. O., S. 259.

138 Ebd.

139 David Hume, *Die Naturgeschichte der Religion. Über Aberglauben und Schwärmerei. Über die Unsterblichkeit der Seele. Über Selbstmord*. Übersetzt und hrsg. von Lothar Kreimendahl. Hamburg 1984, S. 89.

140 A. a. O., S. 90.

141 A. a. O., S. 91.

142 Ebd.

143 A. a. O., S. 92

144 Siehe a. a. O., S. 93.

145 Siehe a. a. O., S. 93f.

146 A. a. O., S. 95.

147 Siehe a. a. O., S. 96.

148 Siehe a. a. O., S. 94.

149 Siehe a. a. O., S. 97f.

150 Siehe a. a. O., S. 98.

151 Buch II, Kap. 5, § 27; zit. nach der Übersetzung von L. Kreimendahl, a. a. O., S. 130.

152 Immanuel Kant, *Die Metaphysik der Sitten*, A 65; *Werke in sechs Bänden*, hrsg. von Wilhelm Weischedel, Darmstadt 1983, Bd. IV, S. 550.

153 Siehe a. a. O., A 70f.; Bd. IV, S. 553.

154 A. a. O., A 73; Bd. IV, S. 555.

155 Karl Löwith hat hierzu kritisch angemerkt: »Wenn Kant [...] die Widermenschlichkeit des Selbstmords ohne Bezug auf einen Schöpfer schon dadurch erweisen will, daß er das Über-sich-selber-verfügen mit den Begriffen von Mittel und Zweck bestimmt, so ist das nicht überzeugend. Denn wenn sich der Mensch totaliter, mit Leib und Seele, vernichtet und sich nicht nur (wie im Beispiel der Veräußerung von Zähnen) als eine res corporea zu einem anderweitigen Zweck teilweise schädigt, so gebraucht er sich gerade nicht als bloßes Mittel zu einem anderweitigen Zweck« (Karl Löwith, *Die Freiheit zum Tode*. In: Hans Ebeling (Hrsg.), *Der Tod in der Moderne*. Königstein/Taunus 1979, S. 132-145; hier S. 138).

156 Immanuel Kant, *Die Metaphysik der Sitten*, A 73; Bd. IV, S. 555.

157 Arthur Schopenhauer, *Preisschrift über die Grundlage der Moral*. In: *Sämtliche Werke*, hrsg. von W. von Löhneysen, Darmstadt 1980, Bd. III, S. 652.

158 A. a. O., S. 653.

159 Ebd.

160 Johann Gottlieb Fichte, *Das System der Sittenlehre nach den Prinzipien der Wissenschaftslehre*. Mit Einleitung und Registern von Manfred Zahn, Hamburg 1963, S. 256.
161 A. a. O., S. 259.
162 A. a. O., S. 258.
163 A. a. O., S. 260.
164 A. a. O., S. 261.
165 A. a. O., S. 262.
166 Ebd.
167 A. a. O., S. 262f.
168 A. a. O., S. 263.
169 A. a. O., S. 264.
170 Ebd.
171 Siehe a. a. O., S. 264f.
172 Siehe a. a. O., S. 265.
173 Ebd.
174 Georg Wilhelm Friedrich Hegel, *Grundlinien der Philosophie des Rechts oder Naturrecht und Staatswissenschaft im Grundrisse*. Theorie Werkausgabe, Frankfurt/Main 1970, Bd. 7, § 4, S. 46.
175 A. a. O., § 5, S. 50.
176 Ebd.
177 A. a. O., § 5, Zusatz, S. 51f.
178 A. a. O., § 5, Zusatz, S. 52.
179 A. a. O., § 5, S. 50 und Zusatz, S. 52.
180 A. a. O., § 5, Zusatz, S. 51.
181 A. a. O., § 47, S. 110.
182 A. a. O., S. 110f.
183 A. a. O., S. 111.
184 A. a. O., § 70, S. 151.
185 Ebd.
186 A. a. O., § 70, S. 151 und Zusatz, S. 152.
187 A. a. O., § 340, S. 503.
188 Ebd.
189 *Die Schopenhauers. Der Familienbriefwechsel von Adele, Arthur, Heinrich Floris und Johanna Schopenhauer*. Hrsg. und eingeleitet von Ludger Lütkehaus. Zürich 1991, S. 339f.

190 A. a. O., S. 319.
191 Arthur Schopenhauer, *Die Welt als Wille und Vorstellung*, Bd. II (= W II); Sämtliche Werke, a. a. O., Bd. II, S. 311.
192 Arthur Schopenhauer, *Über den Selbstmord*; Sämtliche Werke, Bd. V, S. 367.
193 Siehe *Die Welt als Wille und Vorstellung*, Bd. I (= W I); Sämtliche Werke, Bd. I, S. 434; ähnlich W II, S. 517f.
194 Siehe *Preisschrift über die Freiheit des Willens*; Sämtliche Werke, Bd. III, S. 524.
195 W II; Sämtliche Werke, Bd. II, S. 517f.
196 *Aphorismen zur Lebensweisheit*; Sämtliche Werke, Bd. IV, S. 391.
197 *Über den Selbstmord*; a. a. O., S. 367.
198 *Aphorismen zur Lebensweisheit*, a. a. O., S. 392.
199 W I; a. a. O., S. 546.
200 *Über den Selbstmord*; a. a. O., S. 361.
201 Siehe ebd.
202 A. a. O., S. 366.
203 *Preisschrift über die Grundlage der Moral*; Sämtliche Werke, Bd. III, S. 653f.
204 W I; a. a. O., S. 484.
205 Siehe W I; a. a. O., S. 426.
206 W I; a. a. O., S. 541.
207 W I; a. a. O., S. 542.
208 W I; a. a. O., S. 542f.
209 W I; a. a. O., S. 544.
210 W I; a. a. O., S. 546.
211 *Über den Selbstmord*; a. a. O., S. 365.
212 W I; a. a. O., S. 557.
213 W II; a. a. O., S. 256.
214 Friedrich Engels, *Ludwig Feuerbach und der Ausgang der klassischen deutschen Philosophie* (1888). 12. Aufl., Berlin 1970, S. 23.
215 In: Ludwig Feuerbach, Sämtliche Werke. Neu herausgegeben von Wilhelm Bolin und Friedrich Jodl, 2. Aufl., Stuttgart-Bad Cannstatt 1960, Bd. 10, S. 230-293.
216 A. a. O., S. 230f.
217 A. a. O., S. 230.

218 Ebd.
219 A. a. O., S. 235.
220 Ebd.
221 Eduard von Hartmann, *Philosophie des Unbewußten*. Zweiter Teil, Metaphysik des Unbewußten. 12. Aufl., Leipzig 1923, S. 373.
222 Ebd.
223 Ebd.
224 Ebd.
225 A. a. O., S. 373f.
226 A. a. O., S. 374.
227 Siehe a. a. O., S. 389.
228 Siehe a. a. O., S. 408.
229 Nietzsches Schriften werden zitiert nach der von Giorgio Colli und Mazzino Montinari herausgegebenen Kritischen Studienausgabe der sämtlichen Werke (= KSA); hier KSA, Bd. 5, S. 100.
230 *Also sprach Zarathustra*, Erster Teil (= Za I), Vom freien Tode; KSA, Bd. 4, S. 93.
231 KSA, Bd. 2, S. 85.
232 KSA, Bd. 6, S. 134.
233 A. a. O., S. 134f.
234 Za I, Vom freien Tode; KSA, Bd. 4, S. 94.
235 *Menschliches, Allzumenschliches* (= MA), Zweiter Band, Zweite Abteilung, Der Wanderer und sein Schatten, Aph. 185; KSA, Bd. 2, S. 632f.
236 A. a. O., S. 633.
237 *Götzen-Dämmerung*, Streifzüge eines Unzeitgemäßen 36; KSA, Bd. 6, S. 135.
238 Ebd.
239 Ebd.
240 Za I, Vom freien Tode; KSA, Bd. 4, S. 94.
241 A. a. O., S. 95.
242 A. a. O., S. 93.
243 MA II, Der Wanderer und sein Schatten, Aph. 185; KSA, Bd. 2, S. 633.
244 MA I, Aph. 80; KSA, Bd. 2, S. 85.

245 *Nachgelassene Fragmente*, Frühjahr 1888, 14 [9]; KSA, Bd. 13, S. 222.
246 Za I, Vom freien Tode; KSA, Bd. 4, S. 94.
247 MA II, Der Wanderer und sein Schatten, Aph. 185; KSA, Bd. 2, S. 633.
248 Emile Durkheim, *Der Selbstmord*. Mit einer Einleitung von Klaus Dörner und einem Nachwort von René König. Neuwied, Berlin 1973, S. 381.
249 A. a. O., S. 396.
250 A. a. O., S. 381.
251 Siehe a. a. O., S. 385f.
252 A. a. O., S. 389.
253 Siehe a. a. O., S. 392.
254 A. a. O., S. 391.
255 Siehe a. a. O., S. 392.
256 Siehe a. a. O., S. 393.
257 Ebd.
258 Ebd.
259 Ebd.
260 A. a. O., S. 394.
261 Ebd.
262 A. a. O., S. 395.
263 Ebd.
264 A. a. O., S. 396.
265 A. a. O., S. 397.
266 Albert Camus, *Der Mythos von Sisyphos. Ein Versuch über das Absurde*. Hamburg 1959, S. 9.
267 Ebd.
268 A. a. O., S. 16.
269 A. a. O., S. 15.
270 A. a. O., S. 16.
271 A. a. O., S. 17.
272 Ebd.
273 A. a. O., S. 16f.
274 Siehe a. a. O., S. 23.
275 A. a. O., S. 29.
276 A. a. O., S. 31.
277 Siehe ebd.

278 A. a. O., S. 14.

279 A. a. O., S. 87.

280 A. a. O., S. 29.

281 Albert Camus, *Tagebücher 1935-1951*. Übersetzt von Guido M. Meister. Reinbek 1972, S. 123.

282 Ebd.

283 Siehe *Der Mythos von Sisyphos*, a. a. O., S. 30.

284 A. a. O., S. 45.

285 A. a. O., S. 32.

286 Albert Camus, *Der Mensch in der Revolte*. Reinbek 1969, S. 136.

287 *Der Mythos von Sisyphos*, a. a. O., S. 46.

288 A. a. O., S. 49.

289 Siehe ebd.

290 A. a. O., S. 49f.

291 A. a. O., S. 50.

292 *Der Mensch in der Revolte*, a. a. O., S. 9.

293 A. a. O., S. 10.

294 Auch Jean-Paul Sartre gelangt, obwohl er von einem von Camus verschiedenen Ansatzpunkt ausgeht, zu einem ähnlichen Resultat. In der Auseinandersetzung mit Heidegger, der in *Sein und Zeit* im Tod die eigene Möglichkeit des Daseins erblickt und das Sein der menschlichen Realität als »Sein zum Tode« bestimmt, betont Sartre, der Tod könne niemals das sein, was dem Leben seinen Sinn verleihe. Im Gegenteil, er sei das, was ihm grundsätzlich jede Bedeutung nehme. Und dieser Zwangsläufigkeit kann man nach Sartre auch nicht durch Selbstmord aus dem Weg gehen: »Der Selbstmord«, schreibt er, »kann nicht als ein Lebensende angesehen werden, dessen eigene Grundlage ich wäre. Da er Akt meines Lebens ist, verlangt er nämlich selbst nach einer Bedeutung, die nur die Zukunft ihm geben kann; aber da er der *letzte* meines Lebens ist, verweigert er sich diese Zukunft: demnach bleibt er völlig unbestimmt. Wenn ich nämlich dem Tod entgehe oder wenn ich ›mich verfehle‹, werde ich dann nicht später meinen Selbstmord als eine Feigheit verurteilen? Kann das Ergebnis mir nicht vor Augen führen, daß andere Lösungen

möglich waren? Aber da diese Lösungen nichts anderes als meine eigenen Entwürfe sein können, können sie nur in Erscheinung treten, wenn ich lebe. Der Selbstmord ist eine Absurdität, der mein Leben im Absurden untergehen läßt« (*Das Sein und das Nichts. Versuch einer phänomenologischen Ontologie.* Hamburg 1962, S. 680).

295 Jean Améry, *Hand an sich legen – Diskurs über den Freitod*. Stuttgart 1976, S. 26.

296 A. a. O., S. 25.

297 A. a. O., S. 49.

298 A. a. O., S. 20.

299 A. a. O., S. 10.

300 A. a. O., S. 50.

301 A. a. O., S. 83.

302 Ebd.

303 Zit. nach Améry, a. a. O., S. 84.

304 A. a. O., S. 84.

305 Ebd.

306 A. a. O., S. 101.

307 A. a. O., S. 102.

308 A. a. O., S. 102f.

309 A. a. O., S. 103.

310 A. a. O., S. 85.

311 Siehe a. a. O., S. 89.

312 Ludwig Wittgenstein, *Tractatus logico-philosophicus*, 6.43 und 6.431. Frankfurt/Main 1963, S. 113.

313 Wilhelm Kamlah, *Meditatio mortis. Kann man den Tod »verstehen«, und gibt es ein »Recht auf den eigenen Tod«?* In: Hans Ebeling (Hrsg.), *Der Tod in der Moderne.* Königstein/Taunus 1979, S. 210-225; hier S. 216.

314 A. a. O., S. 217.

315 A. a. O., S. 218.

316 Ebd.

317 A. a. O., S. 225, Anm. 8.

318 A. a. O., S. 220.

319 A. a. O., S. 221.

320 Ebd.

321 Ebd.

322 A. a. O., S. 222. – Nebenbei – weil es unser Thema nur am Rande berührt – sei darauf hingewiesen, daß Kamlah diese Klarstellung Anlaß wird zu einer insgesamt recht harschen Kritik an der »inhumanen Ärzte- und Juristenmoral«. Auch der Arzt, sagt Kamlah, »sofern er nicht allein Organismus-Ingenieur ist«, untersteht der moralischen Grundnorm »und kann daher in die Lage kommen, daß es ihm moralisch geboten ist, einem Mitmenschen bei der Selbsttötung zumindest durch seinen Rat zu helfen« (ebd.).

323 A. a. O., S. 223.

324 A. a. O., S. 224.

325 Ebd.

326 Ebd.

327 E. M. Cioran, *Die verfehlte Schöpfung*. Frankfurt/Main 1979, S. 9.

328 A. a. O., S. 16.

329 E. M. Cioran, *Lehre vom Zerfall*. Stuttgart 1978, S. 133.

330 Siehe a. a. O., S. 39.

331 E. M. Cioran, *Auf den Gipfeln der Verzweiflung*. Frankfurt/Main 1989, S. 76.

332 *Lehre vom Zerfall*, S. 36.

333 A. a. O., S. 50.

334 Siehe *Die verfehlte Schöpfung*, S. 56.

335 *Lehre vom Zerfall*, S. 50.

336 Ebd.

337 A. a. O., S. 51.

338 A. a. O., S. 48.

339 Ebd.

340 Ebd.

341 *Die verfehlte Schöpfung*, S. 54.

342 *Lehre vom Zerfall*, S. 48.

343 *Die verfehlte Schöpfung*, S. 56.

344 A. a. O., S. 53.

345 *Die verfehlte Schöpfung*, S. 54.

346 *Lehre vom Zerfall*, S. 201.

347 *Die verfehlte Schöpfung*, S. 58.